Après la finitude. Essai sur la nécessité de la contingence

Quentin Meillassoux

カンタン・メイヤスー

千葉雅也、大橋完太郎、星野太＝訳

有限性の後で

偶然性の必然性についての試論

人文書院

序文

I

円熟し完結している現代の作品や、あらゆる時代に渡って不可欠な哲学文献を出版するのみならず、ひとつの始まりがそこに読まれるような論考を世に出すことが、《哲学の次元 L'Ordre Philosophique》シリーズの使命である。「実存の肉のなかにあるどんな傷を癒すために、そこにあるどんな棘を抜くために、私は哲学者と呼ばれるものになったのだろうか」——さまざまなテクストはこうした問いに答える。ベルクソンが主張していたように、ひとりの哲学者がひとつの観念しか展開しないことも起こりうる。ともあれ、確かなのは、哲学者はたったひとつの問いから生まれるということだ。その問いは、若い時分の瞬間に、思考と人生を貫いて訪れるものであり、哲学者はそれに対して、あらゆる代価を払って応答する道を探さねばならないのだ。

カンタン・メイヤスーのこの書物は、そうした類のものとして分類されるべきものである。

Ⅱ

きわめて重要な哲学的（メイヤスーの用語を用いるならば「思弁的」）企ての断片でしかないこの短い試論は、カントの批判哲学を動かした問題をもういちど根底から取り上げる。その問題は、カントがそれに与えた解決によって、思考の歴史をいわば真っ二つにしてしまった。ヒュームによって最も明晰な形のもとで提起されたこの問題は、自然法則の必然性に関するものだ。自然法則の必然性は主張されているが、しかし、私たちが世界について知っている、あるいは知っていると信じているあらゆるものの源泉である感覚的な経験が、自然法則の必然性について何も保証することができないとしたら、自然法則の必然性はいったい何に由来しているのだろうか。周知の通り、カントによる回答は、すべては経験に由来するという点についてはヒュームを認めている。だがカントは、ニュートン以来、数学的に定式化された自然法則の必然性、実験における観察と形式的に一致する自然法則の必然性について譲歩することをせず、実際、この必然性は私たちの感覚の受容に由来することはありえないものであり、もうひとつの別の源を持っているはずであると結論せねばならなかった。すなわちそれは、普遍的な主体による構成的活動の結果として生じたものだと結論される。この主体が「超越論的主体」と呼ばれる。

経験的な受容と超越論的な構成とをこのように区別することは、一見したところ、現代のあらゆる思考にとって、とりわけ必然性と偶然性といった「様相」に関するあらゆる思考にとって不可欠な枠組みである。ドゥルーズやフーコーもこの区別については深く思考している。だがまた、この区別は、カルナップと分析哲学の伝統にとって基本的な、形式的な科学と実験的な科学とのあいだの区別のうちにも認めることができる。

カンタン・メイヤスーは驚くべき力でヒュームの問題に関するもうひとつの別の理解を示している。メイヤスーの理解は、ある程度は隠されたものに留まっているものの、とはいえそれはいっそう「自然な」ものなのだが、まったく別の理論的共有へと導いていく。メイヤスーはカントのように、論理的必然性も含めた必然性を救済する。だがメイヤスーはヒュームのように、自然法則の必然性については、それを許容するいかなる基礎づけも存在していないことを認める。

メイヤスーの証明は――というのも、問題とされるのはまさしくひとつの証明なのだが――ただひとつのものだけが絶対的に必然的であるということを明らかにしている。すなわち、自然法則が偶然的である、ということだけが必然的なのだ。正反対の様相のあいだの、このまったく新しい結びつきによって、思考はまったく異なる世界の経験との関係のなかに立ち上げられる。それは古典的形而上学の「必然化する」要求と、経験的なものと超越論的なものの「批判的」分割とを同時に解体するような関係なのである。

そしてメイヤスーは、基本的な問題（「私は何を知ることができるのか」）の再検討から発し、「私は何をなすべきか」および「私は何を希望することができるのか」という他の二つの問題の方向において、いくつかの帰結を引き出す。まさにそこにおいて、現代を生きる人々にとっての有限性の彼方にあるものが展開される。

今日まで「知るとは何か」についての歴史として考えられてきた哲学の歴史のなかに、カンタン・メイヤスーが新しい道を開いたと述べることは誇張ではない。その道は、「独断主義」と「懐疑主義」と「批判」とを分割するカントの基準とはまったく異質なものだ。そう、絶対的に論理的な必然性が存在する。そう、根本的な偶然性が存在する。そう、私たちは存在するものを思考することができるし、その思考は、これまで想定されてきた構成的主体にいかなるしかたでも依存していない。

注目すべきこの「批判哲学の批判」は、本書において過剰な装飾なしに導かれて、格別に明晰で証明的な文体によって本質に切り込んでいる。メイヤスーによる批判は、思考の辿る運命が、私たちが満足しているような断片的で部分的な関係などではなく、絶対的なものであることを再び認めているのだ――他方で、「宗教的なものの回帰」は、魂の見せかけだけのサプリメントとして役立つものなのである。

アラン・バディウ

目次

凡例

・原文で《　》の箇所には「　」を付した。原文でイタリックの箇所には、傍点を付した。原文で大文字の箇所は、原則として《　》で括っている。

・訳文中で原語を示す際には［　］、訳者および筆者による補足は〔　〕で括り、筆者によるものはそのつど明示した。〈　〉は意味のまとまりを明確にするために適宜使用している。

・引用箇所は、邦訳が存在する場合は参考にしたが、原則としては、著者が用いているフランス語訳からの訳出である。邦訳をほぼそのまま転記した場合もある。

有限性の後で——偶然性の必然性についての試論

第一章　祖先以前性

一次性質と二次性質についての理論は、もはや取り返しがつかないほど効力を失ってしまった過去の哲学に属しているように思われる。この理論を立て直す時がきた。今日の読者にとって、両者の区別はスコラ的で微妙なものであり、そこにはいかなる哲学的本質も賭けられてはいないように映るかもしれない。しかしながら、後に見ることになるが、そこには思考と絶対的なものとの関係が巻き込まれているのである。

とにかく第一に、何が問題となっているのだろう。「一次性質」と「二次性質」という用語自体はロックに由来する。けれども両者の違いについての原理はすでにデカルトにも見られる[1]。私がロウソクで火傷をするとき、火傷の感覚は指のなかにあるのであって、ロウソクのなかにはないと、私は自然にそう考える。私は、炎のなかで炎の性質のひとつとして示される痛みに触れるわけではない。炎が燃えているときに炎が火傷をすることはない。さらに、情動について認められることも、感覚についてと同じく説明されなければならない。すなわち、食べ物の味は食べ物によっては味わわれることはなく、食べ物が吸収されるより先に食べ物のなかに存在しているのではない。同様に、一連の音からなるメロディーの美しさも、メロディーによって聞き取られることはないし、タブローの輝くような色彩も、カンヴァスを彩る色素によって見られることはない、等々。要するに、いかなる感覚的なものも——情動的ないし知覚的ないかなる性質も——、事物のみにおいては、私に与えられるように存在することはできない、私や他の生命体との関係がなければ。その事物が思考のなかで「それ自体として」考えられるならば、つまりその事物が私と取り結ぶ関係と無関心に考えられるならば、これらの性質はひとつも存在できないように思われる。観察者を取り除きたまえ、そうすれば、世界からは音声的な質、視覚的な質、嗅覚的な質などはなくなる。指がなくなれば、炎から痛みが「なくなる」のと同様に。

だが、感覚的なものは、永遠に続く恣意的な幻覚のようなしかたで私が事物のなかに注入しているのかもしれない、と言うこともできない。なぜなら、さまざまな現実と感覚のあいだには恒常的なつながりがもちろん存在しているからだ。赤の感覚を引き起こすことができる事物なしに、赤の知覚はない。まさしく現実の火なしで焼ける感覚はない。けれども、事物の赤さや熱さは、私がいないときでも私がいるときと同様に性質として存在しているだろう、ということには意味がない。赤の知覚なしには、赤い事物はない。熱さの感覚なしには、熱はない。したがって、情動的なものであれ知覚的なものであれ、感覚的なものはただ関係——世界と、私がそれであるところの生物との関係——としてのみ存在する。実際、感覚的なものは、単純に「私のなかに」、夢と同じようなふうにあるわけでもないし、単純に「事物のなかに」、内在的性質のようにあるわけでもない。感覚的なものとは、事物と私のあいだにある関係そのものだ。事物そのもののなかにはなく、事物と私との主観的な関係のなかにあるこれらの感覚的性質は、古典哲学において二次性質と名づけられたものに相当する。

さて、質に関する古典的理論を失効させたのは、こうした二次性質ではない。事物とその主観的な把握の関係からのみ生じうる諸性質を、「事物それ自体」（それは、結局のところは「私なき事物」である）に帰せることには意味がないというのは、実際、常套句になってしまっていて、それに異議を唱える哲学者の数も少ない。現象学の遺産のなかでは、デカルトやロックがそのような関係を思考したやり方について、おそらく力強く異議が唱えられるだろう。デカルトとロックの場合では、それは物質的な身体の機械的な作動に結びついた思惟実体の変様として考えられたのであり、たとえば、ノエシス－ノエマ的な相関関係として考えられてはいなかった。けれども問題は、古典主義の哲学が感覚を構成する関係を決定したやり方に回帰することではない。感覚的なものが関係であって、事物に内在している固有の性質ではないという事実のみが、ここで私たちにとって重要になるだろう。この観点からすれば、デカルトないしはロックに同意することは、現代人にとってほとんど困難を引き起こすものではない。

性質に関する古典主義の理論の核心に介入するやいなや、もはや事情は同じではなくなる。つまり、

（1）この区別を扱った主なテクストとして次のものが挙げられる。Descartes, *Méditations métaphysiques*, sixième Méditation, *Œuvres* éd. par C. Adam et P. Tannery (AT), nouvelle présentation, Paris, Vrin/CNRS, 1964-1974, rééd. 1996, vol. IX, p. 57-72.〔デカルト『省察』所雄章訳、第六省察、『デカルト著作集』第二巻、白水社、一九九三年、九三－一一三頁。〕また、*Les Principes de la philosophie*, Seconde Partie, article 1 et article 4, AT, IX, II, p. 63-65.〔デカルト『哲学原理』三輪正・本多英太郎訳、第二部、第一項・第四項、『デカルト著作集』第三巻、白水社、一九九三年、八一－八三頁。〕そして、Locke, *An Essay Concerning Human Understanding*, Oxford, Clerandon Press, 1979, Book 2, chap. 8.〔ロック『人間知性論（一）』大槻春彦訳、岩波文庫、一九七二年、一八三－二〇〇頁。〕

デカルトとロックがこの区別を同じように扱っているのではないことはもちろんであるが、私たちはここでは、それらの意味の共通の核と思われるものに集中する。

二つのタイプの性質が存在しているかもしれないという事実がその核心にある。というのも、一次性質と二次性質のあいだの区別を決定的に失効させたものは、区別という事実だからだ。すなわち、感覚的性質の「主体化」（感覚的性質と主体の現前との本質的なつながりを証明すること）は、対象について考えられる性質すべてに及ぶべきではなく、感覚的な規定だけに及ぶべきであろう、という信念がある。実際、一次性質という語によって、対象から切り離すことができないと想定されるところの性質が理解されている。それは、私がそれを把握することをやめたときでさえ、そのものに属していると想定される性質のことである。私と共にあるのと同じく、私なしでも存在する事物の性質、それは即自的なもの［l'en-soi］の性質だ。その性質はどこにあるのか。デカルトにとって、それは、延長に属する性質であり、したがって幾何学的な証明の対象となりうるものであった――縦、横、高さ、運動、形、大きさ(2)。私たちの立場として、延長の概念を介入させることは避けたい。というのも、この概念は感覚的表象と不可分なものであるからだ。色のついていない延長を想像することはできないし、ゆえに二次性質に結びついていない延長を想像することはできないからである。デカルトのテーゼを現代の用語によって再活性化させるためには、また、そのテーゼを擁護するための用語でそれを述べるためには、次のように主張することになるだろう。対象について数学的用語で定式化されうるあらゆるものを、対象それ自体（即自としての対象）の固有の特性として考えることは有意味である。対象についての数学的思考（定式化や数値化）を引き起こすが、知覚や感覚は引き起こさないあらゆるものを、私なき事物――かつ、私が伴っているときでも――に固有の特性にすることは有意味である。

したがって、主張されるテーゼは二重のものである。一面では、感覚されるものは主体と世界との関係としてのみ存在しているということが認められる。けれども他方で、対象の数学化可能な性質はそのような関係の制約を免れていて、その性質は、私がその対象と関係をもとうともつまいと、私が思考するその対象のなかに実際に存在している。このテーゼを正当化する前に、このテーゼが現代哲学にとって不条理に思えるのはいかなる点においてなのかを把握する必要がある。そして、この明らかな不条理の正確な源を明るみに出さねばならない。

このテーゼが現代人にとって無意味に見える可能性があるとすれば、その理由はこのテーゼが断固として批判哲学以前のものであること——すなわち、このテーゼが独断的形而上学の「ナイーヴな」立場への退行を表していることにある。実際、私たちは次のことを想定したのだった——すなわち、思考は、世界への私たちの関係に属する世界の性質と、私たちと世界が取りもつ関係とは無関係にあり続ける世界「それ自体」の性質とを区別できていた、と。さて、このテーゼがカント以来、いやバークリー以来、[3]

（2）ロックはこのリストに「固性」を加えているが、その理由はここでは検討できない。付け加えて言えば、厳密にロック的な意味では、二次性質は一次性質と同じく、知覚された物体に内在している。というのは、二次性質は、それ自体には備わっていない感覚的性質を、精神のなかで引き起こす、という物体がもつ能力に一致しているからである。私たちとしては、二次性質を感覚的性質と同一視するという一般的な用法に従うことにする。この場合、感覚的性質は、知覚と知覚されるものとの関係に依存していると見なされる。

（3）この点については、アラン・ルノーによるカントの書簡（マルクス・ヘルツ宛一七七二年二月二一日）の分析を挙げることができる。Alain Renaut, *Kant aujourd'hui*, Aubier, 1997, chapitre premier, p. 53-77. 一次性質と二次性質の区別に対するバークリーの批判については、Berkeley, *A Treatise Concerning the Principles of Human Understanding*, ed. J. Dancy, Oxford, Oxford University Press, 1998, Part One, §§8-10.〔バークリー（当該文献ではバークリ）『人知原理論』大槻春彦訳、§八 - 一〇、岩波文庫、一九五八年、一九 - 二三頁。〕

支持できないものとなったのはよく知られている。このテーゼは支持できない、なぜなら思考がそれ自身から脱け出して、世界「それ自体」と「私たちにとっての」世界とを比較することはできないし、そうであるがゆえに、世界と私たちの関係に帰せられるものと、世界にのみ属するものとを区別することはできないからだ。こうした試みは実際、自己矛盾的になる。そのような性質が世界それ自体に属していると私たちが考えた瞬間に――つまり、まさしく私たちがそう考えた瞬間に、そのような性質は、私たちがそれについてもちうる思考に本質的に結びつくことになるからだ。私たちは、即自的なものの表象を、「私たちにとって」のものに変えることなしに、構成することはできない。ヘーゲルがふざけて言ったように、私たちは、対象がそれ自体として何であるかを知るために、対象を「背後から取り押さえる」ことはできないわけだ。[4] これの意味するところは、私たちと世界との関係の彼岸にあるいかなるものも、私たちは知ることができないということだ。それゆえ、対象の数学的性質も、前に述べた主体化作用にとって例外ではない。対象の数学的性質もまた、主体が所与と取り結ぶ関係に依存したものとして理解されなければならない。たとえば私がオーソドクスなカント主義者なら、それは表象の形式として理解されるし、私が現象学者なら、それは主観性の働きとして理解されるし、私が分析哲学者なら、特定の形式的言語として理解される、といった具合である。けれども、あらゆる場合において超越論的転回の正当性を認める哲学者――すなわち、独断的であることを望まず、「批判哲学以後の」哲学者でありたいと望む哲学者ならば、何かを思考しているのはつねに私たちであるということをまったく考慮に入れずに、私たちが何かを思考できたと信じることは、それが対象についての数学的な規定であったとしても、素朴であると主張するだろう。

あとでこの点には立ち返ることになるので、注意しておこう。超越論的転回は、独断的形而上学の素朴実在論を失効させるだけでなく（この点では、バークリーの主観的観念論がすでにその責務を果たしている）、独断論的文脈の外部にある対象性を再定義することにとりわけその本質がある。実際、カント的枠組みのなかでは、言明と対象の一致は、「それ自体」として想定される対象と表象との「一致」ないし「類似」としてはもはや定義されることはない、なぜならそのような「それ自体」は到達不可能だからだ。客観的な表象（「太陽が石を温める」といったタイプ）と、「たんに主観的な」表象（「この部屋は私には熱く思える」といったタイプ）との差は、したがって、二つのタイプの主観的表象の違いに帰着する。一方のタイプは普遍化可能な――つまり権利上誰もが実験によって検証可能な――そしてその意味で「科学的な」ものだが、もう一方のタイプは普遍化可能なものではなく、したがって科学の言説の一部となることができないようなタイプのものである。それゆえ、間主観性、すなわち、ある共同性への同意が、孤立した主体による表象と事物それ自体との一致に取って代わり、それが、客観性の真正なる基準、さらに言えばとくに科学的な客観性の基準の地位をもつようになる。科学的真理はもはや、その〈私たちへの〉与えられ［donation］に無関係であると想定される即自的なものに一致するものではなくて、知の共同体における共有物として与えられうるものなのである。

こうした考察によって、カント以来の近代哲学の中心概念が相関［corrélation］になったのはいかなる点においてであったか、ということを把握できる。私たちが「相関」という語で呼ぶ観念に従えば、私

（4） Hegel, *Phénomenologie de l'esprit*, trad. B. Bourgeois, Introduction, Vrin, 1997, p. 201. 〔ヘーゲル『精神の現象学』上巻（ヘーゲル全集・第四巻）金子武蔵訳、岩波書店、一九七一年、八八頁。〕

たちは思考と存在の相関のみにアクセス［accès］できるのであり、一方の項のみへのアクセスはできない。したがって今後、そのように理解された相関の乗り越え不可能な性格を認めるという思考のあらゆる傾向を、相関主義［*corrélationisme*］と呼ぶことにしよう。そうすると、素朴実在論であることを望まないあらゆる哲学は、相関主義の一種になったと言うことが可能になる。

「相関、相関主義」という哲学素の意味を、さらに近寄って検討してみよう。

相関主義とは、主観性と客観性の領域をそれぞれ独立したものとして考える主張を無効にするものである。私たちは主体との関係から分離された対象「それ自体」を把握することは決してできないと言うのみならず、主体はつねにすでに［toujours-déjà］対象との関係に置かれているのであって、そうでない主体を把握することは決してできないということも主張する。悪循環や即座の自己矛盾に陥ることなく即自的なものを思考することはできないと主張する議論を「相関的循環 cercle corrélationnel」と呼ぶことができるならば、哲学者たちがよく慣れ親しんだ次の推論の形を「相関主義的ダンス・ステップ」と名づけることができる――この形は、現代の著作にしばしば見られるもので、たとえば以下のように主張するものだ。「主体と客体をそれ自体として存在する二つの存在者とし、両者が取りもつ関係は他所からそれらに付け加わるものだと考えることは素朴であろう。逆に、関係こそが、ある意味で第一のものなのである。世界が世界として私に現れるときにのみ世界は世界という意味をもつのであり、自我が世界に対峙するときにのみ自我は自我という意味をもつ、その自我に対して世界がみずからを露わにするのである（…）[5]」。

一般的に、現代人が行う「ダンス・ステップ」とは、結ばれる項に対する関係性の優位への信念であり、相互関係を構成する力［puissance］への信頼のことである。相互性を表すものである「co-」は（共

‐贈与 co-donation、共‐関係 co-relation、共‐現前 co-présence、共‐根源性 co-originalité など）、現代哲学の主要な接頭辞であり、まさしくその「化学式」なのだ。こうして、カントまでの哲学の主要な問題のひとつは実体を思考することであったのだが、カント以降はむしろ相関を考えることが問題となった、と言うことができる。超越論以前では、哲学者を決定的なしかたで対立させる問いは、「誰が真なる実体を思考する者なのか？」という問いであった。それは、イデアを、個体を、原子を、神を――だがどの神だろう――思考する哲学者のうち、誰なのか。しかしながら、カント以後、そしてカント以来、二人の哲学者の対立は、どちらが真正の実体性を思考するものであるかを問うことではなく、どちらが最も根源的な相関を思考するものであるかを問うことになったのである。主体‐客体の相関性を思考する者、ノエマ‐ノエシスの相関性を思考する者、言語‐指示対象の相関を思考する者――誰が最も根源的な相関を思考しているのか。問題は、もはや「何が正しい基体か」ではなく、「何が正しい相関か」なのである。

意識と言語が、二〇世紀における相関の二つの主要な「環境」であった。それぞれ、前者は現象学を、後者は分析哲学のさまざまな流れを支えていた。フランシス・ヴォルフは、意識と言語を「世界‐対象」と呼ぶことで、両者をひじょうに正確に特徴づける[6]。実際、意識と言語がユニークな対象であるのは、両者が「世界を成す」ものであるからだ。そしてこれらの対象が世界を成すのは、そのひとつの理

（5） Ph. Huneman, E. Kulich, *Introduction à la phénoménologie*, Armand Colin, 1997, p. 22.
（6） Francis Wolff, *Dire le monde*, PUF, 1997, p. 11.

由として、両者にとっては「すべてが内にある」と同時に、「すべてが外にある」からである。ヴォルフは次のように続けている。「すべては内にある。なぜなら、何であれ何かを思考することが可能であるためには、「それについての意識をもつことが可能である」ことが必要であり、それを言うことが可能であらねばならない。したがって私たちは、言語や意識のなかに閉じ込められており、外に出ることができない。この意味で、言語や意識は外部をもたない。けれども別の意味では、意識や言語は完全に外部に向いているものだ。両者は世界への窓である。というのも、意識をもつことはつねに何かについての意識をもつことであり、語るというのは、必然的に何かについて語ることだからである。木を意識することは、木それ自体を意識することであって、木の観念をもつことではない。木について話すことは、言葉を言うことではなく、その物について語ることだ。したがって、意識と言語がみずからのうちに世界を閉じ込めることができるのは、反対に、両者が完全に世界のなかにあるからでしかない。私たちは、透明な檻のなかにいるかのように、意識ないしは言語のなかにいる。すべては外にあるが、そこから出ることは不可能なのである」(7)。

意識や言語に関する現代のこうした説明のなかで注目すべきことは、こうした説明が相関的な外在性の矛盾した性質を示している点である。一方では、相関主義は、意識や言語が根源的な外部と原初のつながりをもつと主張するが(現象学において意識は世界に対して自己超越する、サルトルの言い方によれば、意識は世界のほうへ「炸裂する」)、しかし他方で、この主張は、そうした外部への閉じ込め、ないしは監禁という奇妙な感覚を隠しているように思われる(「透明な檻」)。なぜなら、私たちは言語と意識の外部性のなかに閉じ込められているからであり、私たちはつねにすでに[*toujours-déjà*](これは「co-」と同じく、相関主義に属するもうひとつの本質的な語句である)そこにいるからであり、「世界 - 対象」を外から観察できるような視点をもっていないからだ。「世界‐対象」は、あらゆる外在性を与える乗り越え不可能なものなのである。さて、この外部が私たちに対して閉域的な外部のようなものとして、すなわちみずからが閉じ込められているような感覚がある外部として現れるとするならば、それは本当を言えば、そのような外部は相対的なもの、つまり、明確に私たちに関係しているものであるからなのだ。たしかに意識とその言語は世界へと自己超越する。が、世界は、意識が世界へと自己超越するその限りにおいて存在する。したがって、この外部の空間は、私たちに面するものの空間でしかない、私たちの固有の実存に対面しているという資格でのみ存在するものの空間でしかないのである。ゆえに、実のところ、そうした世界に浸っている限り、十分に遠くへ自己超越することはできない――つまり私たちは、自分の裏面を知らないコインのように、ずっと対面であり続けている二つの顔を探究することで満足するしかないのである。そして現代人が、思考とは外へと向かう純粋な方向づけであると熱烈に主張するとしても、それは本当のところ、不十分な喪の作業の結果によるもの――つまり、独断論の放棄に内在する喪失を否認［dénégation］することによるものである、ということもありうるのではないか。実際、批判哲学以前の思想家にとっての《大いなる外部》、絶対的な《外部》を失ってしまい、もはや取り返しがつかないという秘かな印象を現代人がもっているということもありうるかもしれない。この《外部》は、私たちに関係しないものであり、私たちへの与えられに関係なくみずからを与えてそれがそうであるようにあり、私たちがそれを思考しようとしなかろうとそれ自体として存在していたのである。そのとき思考はこの《外部》を、異邦の土地であるという確かな感情と共に駆け回ることができていた――完全

（7） *Ibid.*, p. 11-12.

に他なる場所であるという確かな感情と共に、である。

批判哲学以後の哲学素についての短い提示を終えるために、最後に、思考 - 存在の相関は主体 - 客体の相関には還元できないということを強調しておこう。別の言い方をすれば次のようになる。現代思想における相関性の支配は、表象の諸哲学の支配を意味するわけではない。実際、表象の哲学を、思考と存在とのいっそう根源的な相関性の名のもとに批判することも可能なのである。そして事実、表象に対する諸批判も、相関性と手を切ることを——つまり、独断論への単純な回帰を——意味してはいなかった。

この点については、ひとつの例を参照して満足するに留めよう。それはハイデガーの例である。確かに一方で、ハイデガーにとっての問題は、表象に関するあらゆる形而上学的思考のなかでは、対象として考察される手前存在の優先によって、存在ないしは現前が隠されているという事態を検討することにあった。しかし他方では、ハイデガーにとって、存在が可能にする存在者の現出のただなかでの、存在のそのような覆われを思考することは、人間と存在との根源的な共 - 帰属（*zusammengehörigkeit*）を見ることであると想定できる。ハイデガーはこの共 - 帰属を生起（*Ereignis*）と名づけている[8]。後期ハイデガーにおいて中心的な生起の概念は、カントから継承され、フッサールの現象学によって延長された相関性の要求に忠実なままである。というのも、生起のことである「共 - 帰属」は、人間と同じく存在も「それ自体」として提起されるのは不可能であり、ただ、第二段階においてのみ——すなわち帰属の二つの項が相互関係によって根源的に構成されてから——関係づけられる、ということを意味しているからだ。「生起は人間と存在の本質的な結びつきであり、人間と存在は、両者の固有の存在の相互帰属によって結合している」[9]。そして次のくだりは、ハイデガーにおいて、相関主義的「ダンス・ステップ」が厳密に維持されていることを示している。「もし私たちが、「存在」ということを言いながら、人間本質への現‐前ということを脱落せしめており、しかもそのことを通して、〔人間本質という〕この本質それ自身が「存在」を共に成していることを誤認しているとしたら、私たちは「存在それ自身」についてつねに言い足りないのである。もし私たちが、「存在」ということ（人間であることではなく）を言いながら、人間をそれ自身だけとして定立し、そしてそのように定立されたものを、次に初めてなお「存在」へのあるひとつの関係のうちへもたらすとしたら、私たちは人間についてもまたつねに言い足りないのである[10]」。

（8） Heidegger, « Identité et Différence », *Questions I et II*, trad. A. Préau, Gallimard, 1968, p. 262–271.〔ハイデガー（当該文献ではハイデッガー）『同一性と差異性』（ハイデッガー選集・第十巻）大江清志郎訳、理想社、一九六〇年、一二一‐一二七頁。〕

（9） *Ibid.*, p. 272.〔同前、一二八頁。〕たしかにハイデガーは「共‐帰属 co-appartenance」という語の「共 co-」（zusammen）は、帰属という意味から理解されねばならず、「共」の側から帰属を理解してはならないと主張している。だがここで単純に問題となるのは、形而上学的なしかたで思考と存在の統一を理解することを避けることであり、隣接 nexus や結合 connexio についてそうであるように、あらゆる事物をシステムの秩序に従わせることを避けることなのである。「共」を廃棄するわけではなく、表象の図式の外部から「共」の根源性を再考することが重要なのだ。この点については、*ibid.*, p. 262–263.〔同前、一一三‐一一五頁。〕

（10） Heidegger, « Contribution à la question de l'être », *Question I et II*, op. cit., trad. G. Granel, p. 227–228.〔ハイデガー「有の問へ」、『道標』（ハイデガー全集・第九巻）辻村公一、ハルトムート・ブフナー訳、創文社、一九八五年、五〇九頁。〕

それゆえ、単純な独断論的立場に退行したくないならば、あらゆる哲学者が認めなければならない決定の数を——その哲学者が現代哲学とどれほど断絶していようとも——見積もることになる。すなわち、次のような決定がなされている。相関主義的な循環とダンス・ステップ。科学的客観性の再定義において、一致という基準を間主観性によって置き換えること。表象の批判においてさえ相関性を保持すること。閉域的な外部。これらの公準が、「批判哲学以後」のあらゆる哲学、つまり、なおもカント主義に十分忠実であろうとし、ゆえに批判哲学以前の形而上学へとあっさり回帰することを拒絶するあらゆる哲学を特徴づけているのである。

一次性質の実在を主張する際、私たちはこれら一連の決定に背くことになる。だとすれば、私たちは、独断論に向かって目を開き、退行することになるのだろうか。そもそも、相関性の循環と私たちとをそのように切断するようにしむけるものとは、何なのか。

＊＊＊

それは、単純な一本の線である。その線にはさまざまに色がついていて、縦に分割された色彩のスペクトルに少しばかり似ている。それぞれの色の上には、莫大な量を表した数字が付されている。どんな大衆的な科学読み物でも見ることができるものだ。それらの数字は年代を意味している。主に次のようなものである。

——宇宙の起源（一三五億年前）
地球の形成（四五・六億年前）

— 地球上の生命の誕生（三五億年前）
— 人類の誕生（ホモ・ハビリス、二〇〇万年前）

今日、経験科学は、意識や生命の到来に先立つ出来事に関する言明を発することができる。これらの言明は、ときには、地球上のあらゆる生命形態よりも古い「物・対象」の年代を言っている。年代推定の方法については、ある化石を他の化石と比べた結果、それを特定の時代に位置づけるならば、その手続きは相対的なものだと言われてきた（年代は、化石が埋まっていた岩石層の深さの違いによって相対的に測定されてきた）。測定対象の実際の持続期間を判定できる技術が実現されたときに（基本的には、一九三〇年代以来）、年代測定は「絶対的」なものとなった。この技術は、一般的には、放射性原子核の一定の崩壊速度に依拠している。また同時に、熱ルミネセンスの諸法則にも依拠している——後者を使うことで、放射性年代測定は、星々の出す光に対しても応用できるようになっている[11]。したがって、今日では科学は、最初のヒト科の生物が存在するより前に生きていた生物の化石の形成

（11）ドミニク・ルクールは、この絶対年代測定の歴史の本質的な要素を、八〇年代アメリカにおける新しい創造主義者による論争の文脈のなかで捉えている。Dominique Lecourt, *L'Amérique entre le Bible et Darwin*, PUF, 1992, chap. IV, p. 100 *sq*. この点については、『サイエンティフィック・アメリカン』のフランス語版、特集「科学にとっての年代測定の時間」、二〇〇四年一－三月号も参照できる。L'Édition française de *Scientific American: Pour la science*, *Le temps des datations*, janvier-mars 2004. より専門的な導入としては、*Méthodes de datation par les phénomène nucléaires. Applications*, sous la dir. de E. Roth et B. Pouty, coll. CEA, Masson, 1985, chap. I. A（« Principes, généralité », E. Roth）et chap. IX（« La thermoluminescence », C. Lalou et G. Valados).

年代を——それは修正可能な仮説であるにしても——正確に測定することができるし、地球の形成年代も測定できるし、天体の形成年代も測定できる。さらには、宇宙それ自体の「古さ」でさえも測定できるのである。

私たちが関心を抱くのは、次の問いである。天体物理学者や地質学者、古生物学者が宇宙の年代や地球の年代、人類以前の生物種の出現年代、あるいは人類そのものの出現年代について論じるとき、その学者たちはいったい何について語っているのだろうか。思考、ひいては生命の出現に先立つものとして提起された——すなわち世界へのあらゆる形での人間的関係に先立つものとして提起された——世界のデータに明確に関わっている科学的言明の意味をどのように把握すればよいのだろうか。さらに正確に言うならば、こうだ。世界への関係——生命的ないし思考的な——を、たんに諸々の出来事のなかのひとつでしかないものとして時間に書き込まれた事実であると見なす、あるいは、継起の起源としてではなく継起の途中の道標にすぎないものとして書き込まれた事実であると見なす、そのような言説の意味をどのように考えたらいいのだろうか。こうした言明を、科学はどのようにして単純に考えることができるのか。そして、いかなる意味において、これらの言明に対して、何らかの真理性を承認することができるのだろうか。

ここで、用語を定めることにしよう。

— 人間という種の出現に先立つ——また、知られうる限りの地球上のあらゆる生命の形に先立つ——あらゆる現実について、祖先以前的［*ancestral*］と呼ぶことにする。

— 過去の生命の痕跡を示す物証、すなわち本来の意味での化石ではなく、地球上の生命に先立つ、祖先以前の出来事ないし現実を示す物証を、原化石［*archifossile*］、あるいは物質化石［*matière-*

fossile〕と名づける。つまり、原化石とは、祖先以前の現象の測定を行う実験の物質的な支えである。たとえば、放射能による崩壊速度がわかっている同位体や、星の形成時期について情報を与えてくれる光の放出などがある。

まずは次の単純なことを認めて再出発しよう――今日では科学は、宇宙の年齢や星や地球の形成といった、多数の祖先以前的言明〔énoncé ancestral〕を表明している。これらの言明を作るために用いられる技術の信頼性を判断することは、明らかに私の仕事ではない。逆に、私たちにとっての関心事は、これらの言明はいかなる意味の条件に応えるものなのか、である。より正確に言えば、相関主義は祖先以前的言明にどのような解釈を与える可能性があるのか、と私たちは問うのである。

ここでは、さらに精密に考えなければならない。実を言うと、相関性の思考には二つの主な様態がある（あとでその論点には立ち戻る）。それは観念論に二つの主な様態があるのと同じである。実際、相関性が乗り越え不可能なものとして提起される際には、超越論的な視点（そして／あるいは現象学的な視点）、または、思弁的な視点という二つの様態がありうる。すなわち、私たちは、相関性以外の何ものも把握しないというテーゼを主張できる一方で〔超越論的な視点〕、または、相関性はそれ自体で永遠的であるというテーゼを主張することもできる〔思弁的な視点〕。後者の場合、すなわち相関性の実体化〔*hypostase*〕が問題となる場合、それはもはや厳密な意味での相関主義ではない。それは、《自我》なり《精神》なりを永遠化し、それと、存在者の与えられ〔donation〕とを永続的に向き合わせるような形而上学になる。そのような見方では、祖先以前的言明は問題を引き起こさない――というのも、《永遠的相関者》を論じる形而上学者は、「祖先以前的な目撃者」であるところの、注意を欠かさない神の存在を主張して、地球の形成や、また宇宙の創造という出来事でさえも、あらゆる出来事を現象と化することができる、すなわち〈……への所与〉と化することができるだろうからである。しかしこれに対し、相関主義というのは、形而上学ではないのだ。相関性を実体化しないのである。相関主義はむしろ、相関性によって、認識の対象をそれ自体で存在する大文字の《存在者》へと実体化、実体変化させることに制限を加える。私たちが相関性の地平からみずからを引き離せないと言うことは、相関性はそれ自体で――私たちの各個体への受肉から独立して――存在しうる、と認めることではない。私たちには、人間以外のところに与えられる相関性のことはわからない。私たち自身から抜け出して、そうした相関性の受肉が真なるものでありうるかどうかを明らかにすることはできない。したがって、祖先以前的な《目撃者》の存在は、厳密な相関主義の観点からすれば違法な仮説なのである。だから、私たちが提起した問題は、次のように再定式化できる。私たちは、相関性のなかに位置づけられている以上――その相関性が実体化を拒むのならば――、祖先以前的言明をどのように解釈すればいいのだろうか。

　最初に、祖先以前的言明がもつ意味は、デカルト主義のような独断的哲学に対しては問題を提起しないということを確認しておこう。実際、『省察』の信奉者であるような物理学者に対して、そうした出来事は何を意味しうるだろうか。その者は、次のような指摘から始めるだろう。たとえば、地球の形成《アクリーション》（私たちの惑星が生まれた原因となった、物質の集積する時期）のような、地球上の生命の出現に先立つ出来事について、その時期が「とても暑かった」とか、その光が「目映かった」と言ったり、その他、この種の主観的な判断を述べることには大した意味がない、と。地球の形成を直接経験した観察者は知られていないし、そうした状況での暑さを経験できたとして、観察者がその経験のなかで生存できたかどうかもわからない。だから、この出来事については、「測定値」すなわち数学的なデータによって決定可能なことを述べるに留まるだろう。たとえば、それはだいたい四五億六千万年前に始まったとか、一瞬で形成されたのではなく始まりから数百万年かかった――そのうえさらに数千万年かかった――とか、その出来事が空間内で一定の容量を占めていて、その容量も時間に応じて変化したろうとか、そうしたことを述べるに留まるだろう。それゆえ、色（それは波長ではない）、熱さ（それは温度ではない）、臭い（それは化学反応ではない）などの生物の現前に内在する性質、すなわち二次性質が地球の形成において存在していたと主張することには意味がないと言わざるをえなかろう。というのも、こうした二次性質は生物とその環境との関係の様態を表すものであるから、調べられる限りでのあらゆる生命の形態に先立ち、生命の存在とは両立不可能でさえあるような出来事を記述するために適切ではありえない。逆に、地球の形成について数学的に定式化できる内容はと言えば、たとえそれを直接経験できるいかなる観察者もいなかったとしても、問題となる出来事の実際の性質（その年代、その持続期間、空間的広がり）を示しているのはそうした言明だという主張ができよう。そこから、物質に関してデカルト的なテーゼを支持することになるかもしれないが、それがピタゴラス的なテーゼではないということは注意しておく必要がある。つまり、地球の形成の存在が本質的に数学的であるとは言えないし、すなわち祖先以前的言明のなかの数字や等式がそれ自体で存在していると言うこともできないだろう。そうなると、地球の形成とは、数や等式のような観念的な存在だと言わねばならなくなるからだ。一般的に、言明とは、意味作用を行う存在として、観念的なものである。しかし、言明の何らかの指示対象は、必ずしも観念的なものではない（「猫がマットの上にいる」という言明は観念的だが、マットの上にいる猫は現実のものだ）。したがってこの場合、私たちは次のように言うことにしよう。年代や容量などに関わる言明の指示対象は、四五億六千万年前に、そうした言明が記述するように存在していた。だが、それらの言明はそのときには存在していなかったのであり、それらは私たちと時代を共にしている。

とはいえ、さらに精密になろう。科学者は、祖先以前的な出来事は確かに記述される通りに存在していたと断定的に――それは慎重さを欠くだろうから――言うことはしないだろう。少なくともポパー以来、経験科学によって発達したあらゆる理論が権利上、反証可能であることはよく知られている。すなわち、いっそうエレガントな理論、実験により一致する理論を優先して、旧来の理論が反証される余地がある。けれども反証可能性は、科学者が自分の言明は真であると想定することに意味があると考えるのを妨げはしない。すなわち科学者は、事象はその者が記述したように実際に起こりえたのであって、その記述が別の理論によって取って代わられるまでは、自分が再構成したように出来事が実在していたと認めることは正当であると考えるだろう。いずれにせよ、もしその科学者の理論が反駁されるにしても、やはり同じく祖先以前への射程をもった異なる理論に立場を譲るためにそうなるのであって、今度はその理論が真であると想定されるわけだ。デカルト主義的な観点からは次のように言うことができる。すなわち、祖先以前的言明とは、経験科学によって――発展の途中段階において――妥当だと見なされる以上、その言明の指示対象が（どんなに過去であっても）実在のものとして提示されうるような言明である、と。

これらすべてのことから、デカルト主義は、科学者が自分の分野においてもつ考えについて、要は満足いくしかたで説明を与えてくれるものなのだ、と言うことが許される。無理をすることなく、議論が次のような展開になることは賭けてもいい。まず、性質の理論の観点からすれば、科学者たちは、カント主義よりもデカルト主義とはるかに多くの共通点をもっていると言える。科学者たちは、さほどの困難も感じずに、二次性質は生物とその世界との関係においてのみ存在するものだということを認めるだろう。これに比して、彼らはおそらく、一次性質――数学化可能な――もまた私たち自身が存在しているという条件でのみ存在するものであり、事物それ自体に固有の性質ではない、と認めることには、ずっと乗り気でないだろう。もっとも、相関主義者が祖先以前性をどうやって説明できるのかという問いに真剣に取り組むやいなや、以上は自明でしかないことになるだろう。

相関的観点からすれば、〔祖先以前的言明についての〕今しがたの解釈は、実際、容認不可能なものだ——少なくともそれを文字通りに認めることはできない——ということを理解しよう。確かに、科学的な主題になると哲学者たちは謙虚であったし、用心深くもあった。したがって、哲学者は一般的に、自分の概念把握が科学者の仕事にはまったく干渉しないと確信することから始め、科学者がみずからの研究で示すやり方は完全に正当なものだと確信しているだろう。けれども、哲学者はさらに付け加える（あるいは、心のなかでそう思う）——それは正当だ、ただし科学者の秩序のなかで、と。理解してほしい。科学者が、おのずと実在論的な、「普通の人」と共通した態度をもっていることは、正常で自然である。けれども、哲学者の方は、ある種の知をもっており、それが、あのような言明に修正を迫るのだ——それは一見したところ些細な修正なのだが、それこそが、存在との関係における思考のもうひとつの次元を私たちに開いて見せるのだ。

次のような祖先以前的言明があるとする——「出来事Xは人間の出現より何年も早く起こった」。相関主義者の哲学者は、この言明の内容についてはまったく何も干渉しないだろう。起こったのは出来事Xだということにも、その出来事の年代にも反論しない。そうではなく、次のように付け加えるだけで満足する。相関主義者の哲学者は——おそらくは心のなかで行うのだろうが——簡単な遺言補足の但し書きのような、いつも同じものを、こっそりと文の最後に付け加えるだろう。すなわち、出来事Xは人間の出現よりも何年も前に生じた——人間にとっては（さらに言えば、科学者にとっては）、と。この但し書きこそ、現代性の但し書きなのである。現代の哲学者はこの但し書きによって、科学の内容にまったく介入しないよう用心し（少なくともそうしていると信じ）、科学の意味よりも根源的であるような意味の領域を、科学の外部に保持しているのである。したがって、祖先以前的言明に対する相関主義の公準は、そうした言明には少なくとも二つの意味のレベルが存在する、というものである。ひとつは、実在論的・直接的な意味である。そしてもうひとつは、より根源的で、相関的な、遺言補足によって作動する意味である。

そうなると、祖先以前的言明の文字通りの解釈とは何なのだろうか。それは、祖先以前的言明の実在論的な意味が、その究極の意味なのだという信念である——つまり、その理解をさらに深められるような他の意味の領域などまったく存在しないし、ゆえに哲学者による遺言補足はその言明の意味内容を研究するにあたって問題外だという信念である。ところが、これを相関主義者は認めることができないのだ。では、さしあたり、実在論的でデカルト主義的な解釈によって、私たちは祖先以前的言明の究極の意味に達しうると想定しよう。そのとき私たちは、批判哲学以後の哲学者には不条理にしか見えない一連の事柄を主張することになる。網羅的ではないが、そのリストは次のようになる。

— 存在は現出［*manifestation*］と共存しない。なぜなら、誰に対してもみずからを現出させることのない出来事が、過去において生じたからである。

— 存在するものは、時間のなかでは、その存在するものの現出に先立つ。

— 現出は、それ自体が、時空間のなかで現れた。この資格ゆえに、現出とは、世界の与えられ［贈与］ではなく、むしろそれ自体が世界内の出来事のひとつである。

―さらに、この出来事は年代を定めることができる。

―したがって思考は、存在における現出の発生を思考することができるし、現出に先立っている存在や時間を思考することができる。

―物質化石とは、与えられに先立つ存在によってなされた、現存する与えられである。すなわち、原化石は、存在者が現出に先行することを現している。


だが、相関主義者にとっては、以上の原化石の定義における自家撞着は輝かしいほど明らかであるから、こうした言明は煙のように消失する。贈与〔与えられ〕に先立つ存在の贈与〔与えられ〕、これがその撞着である。「存在の贈与」――すべてのポイントはここにある。存在はその贈与に先立っては存在していない、存在は贈与に先立つものとしてみずからを贈与する。これだけで、贈与それ自体に先立つ――おまけに、年代的にも先立つ――存在を考えることは馬鹿げていると証明できる。というのも、贈与が第一次的なのであって、時間それ自体が、人間から世界への関係のうちにつねにすでに関っている限りにおいてしか意味をもたないのだ。それゆえ、相関主義者にとっては、祖先以前性に対する二つのレベルのアプローチが存在している。この二つのレベルは問題となる言明のうちにある「贈与」という語の二重性に対応している。すなわち、存在がみずからを贈与する（第一段階）、贈与に先立つものとして（第二段階）。直接的なレベルにおいては、私は贈与の根源的な性格を忘却し、対象のなかで自失し、そうして私は贈与を物理的世界の特性として自然化し、贈与を事物のように現れたり消えたりするように見なしている（存在は、贈与に先立ってみずからを与える）。深いレベルにおいては（存在は、贈与に先立ってみずからを与える）、私は、存在－思考の相関性が、世界と世界内存在に関わるあらゆる経験的な言明よりも論理的に先行している、ということを理解している。そのようにして、私はダメージを受けることなく、存在するものが現れるものに対してもつ年代的な先行性のテーゼ――無媒介的で、実在論的で、派生的な意味のレベルの――を、より深遠で、より根源的で、まさに唯一それが真であるようなテーゼ――贈与のただなかでみずからを与えるもの（これに先の年代的な先行性が属する）よりも、贈与のほうが論理的に先行しているというテーゼ――に接合できるのである。それでは、私は、地球の形成が時間のなかで人間の出現に完全に先立っていたはずだと信じるのをやめて、問題にされている言明の資格がひじょうに複雑だということを把握したい。正しく理解されたならば、この言明は次のように定式化できる――すなわち、「現在の科学者たちの共同体は、地球の形成がX年代に起こった人類の出現に先立っていたと考えるに足る客観的な理由をもっている」。

では、この定式の詳細を分析してみよう。

カント以来、客観性とは、それ自体としての対象にもとづいて（言明とそれが指すものとの類似性や一致によって）定義されるのではなく、対象に関する言明の可能的な普遍性にもとづいて定義されると言われてきた。祖先以前的言明の間主観性――科学共同体のメンバーなら誰でも、権利上それを検証可能であるということ――が、その言明の客観性を、したがって「真理」を保証する。それ以外ではありえない。なぜなら、それの指示対象は、文字通りに言えば、思考不可能であるからだ。実際、私たちは相関の実体化を拒否したのであるから、物理的世界が人間の存在、少なくとも生命の存在に実際に先立つことはありえないと言わねばならない。世界はただ〈生きる／あるいは思考する存在に‐与えられた‐もの〉としてのみ意味をもつのである。また、「生命の出現」について語ることは、現れに先立つ世界のただなかでの現れの出現について言うことだ。この種の言明には失効を言い渡したのだから、私たちは厳密に、私たちに与えられているものだけで満足せねばならない。つまり、存在のなかで現れが出現するという思考不可能な出現ではなく、現在の物質化石の普遍化可能な所与――放射性崩壊の速度や星からの光の放出の性質といった――のみで満足せねばならない。相関主義者によれば、祖先以前的言明は、現在のものであり――所与の物質化石にもとづいた――、かつ普遍化可能な（権利上、誰にでも検証可能である）経験に基盤を置いている、という点で真なのである。祖先以前的言明は、権利上、万人が再生産できる経験にもとづいているから、真であると言えるのであるのであり（言明の普遍性）、その真理性が指示対象（世界の贈与なき世界）の実在との一致から生じているだろうと素朴に信じることはないのである。

別の言い方をしてみる。化石という所与の深い意味を把握するためには、相関主義者によれば、祖先以前の過去から出発するのではなく、むしろ相関的な現在から出発しなければならない。つまり、私たちは、現在を起点として過去を後方投射することを実行せねばならない。実際、私たちに与えられているものは、贈与に先立つものではない。それは、過去のものとして与えられている現在のものでしかないのである。ゆえに、所与の存在に対する贈与の論理的な（構成的で、根源的な）先行性によって、私たちは祖先以前的言明の明白な方向を、もっと深遠なる反対方向に従わせてしまうのであり、そして後者のみが意味をもたらすのである。祖先以前性が贈与に先立つのではない、現在の所与が、祖先以前的であると思われるような過去を後方投射するのである。したがって、化石を理解するためには、論理的な順序に従って現在から過去へ進まねばならないのであって、過去から現在へと年代的な順序に従って進んではならないのだ。

ゆえに私たちの考えでは、独断論の完全な拒絶は、祖先以前性に直面する哲学者に対して、二つの決断を課すのである――意味の二重化、そして、後方投射である。祖先以前性の深い意味は、直接的に年代学的な意味に対して課せられる、論理的な後方投射のなかに存する。これ以外にはどうにもできない。私たちには、相関性の要求に忠実であろうとしながら、原化石を以上と別のしかたで解釈することができるとは思われないのである。

では、祖先以前性のこの解釈が、明らかに支持できないのはなぜか。それを理解するには、相関主義者に次の問いを投げかければよい。「けれどもそうなると、四五億六千万年前に何が起こったのか、地球の形成は起こったのか、イエスかノーか」と。

ある意味ではイエスだ、と相関主義者は答えるだろう。なぜなら、そうした出来事を指示する科学的言明は客観的なもの、つまり、間主観的なしかたで検証されるものだからである。けれども、ある意味においてノーだ、とその者は付け加える。なぜなら、そうした言明の指示対象は、素朴に記述されたようなしかたでは存在しえなかった、つまり、意識に非-相関的には存在しえなかったからである。だがそうなると、私たちは次のように十分に常軌を逸した言明にたどり着く――祖先以前的言明は真である、客観的なものであるという意味において、しかしながら、その言明の指示対象が、その真理が記述するようなしかたで実際に存在しえたということはありえない。それは、真なる言明なのだが、しかし不可能な出来事を現実のものとして語っているのであり、思考可能な対象をもたない「客観的な＝対象についての」言明なのである。要は、もっと単純に言うならば、それは無意味なのだ。もし祖先以前的言明の価値が、その検証が現在において普遍的に可能だということからしか引き出せないのであれば、その言明を打ち立てるために苦心している科学者にとってその言明は何の興味もないものになってしまうだろう。これに気づいたならば、無意味さは理解されるだろう。ある測定が科学者全員に対して妥当なものであるかを証明するために測定を行うのではないのだ。測定によって測られるものを決定しないといけないから、測定を行うのである。何らかの放射性同位体が私たちに過去の出来事について情報を与えてくれるからこそ、それによってその古さの測定を行うのである。この古さというのを思考不可能にしてみればよい、そうすれば、測定の客観性は、意味も利得もない空っぽのものとなり、もはやそれ自身しか指示しなくなる。しかし科学は、さまざまな実験によって、実験の普遍性を打ち立てることを目指しているのではない。科学は、再現可能な実験によって、実験に対して意味を与える外的指示対象を目指しているのである。

相関主義者が祖先以前的言明に対して課すことを義務づけられている後方投射とは、したがって、相関主義者がみずからに犯している真なる誤解なのである。祖先以前的言明は、その文字通りの意味がその究極の意味であるという条件においてのみ意味をもつ。もしあなたがその意味を二重化させ、その言明に対して相関性に適合する深い意味を、実在論的な意味の誤解にまで至るようにひねり出すならば、あなたは意味を深めているどころか意味を抹消しているのだ。祖先以前的言明の救いがたい実在論について語りながら、私たちはこのことを説明している。祖先以前的言明は、実在論的な意味をもつ。それはただ実在論的な意味しかもたないか、そうでなければ意味をもたないかのどちらかなのだ。まさしくそれが理由で、筋の通った相関主義者ならば、科学と「妥協」することをやめねばならないだろう。取り扱おうとしている科学的言明の内容をまったく変えることなしに意味の二つのレベルを接合できると考えるのはやめねばならなくなるはずだ。相関性と原化石のあいだに妥協の余地はまったくない。どちらかが認められると、もう一方は失効する。別の言い方をするならば、首尾一貫した相関主義者は謙虚であることをやめ、科学者に対して祖先以前的言明は幻想の言明であるとアプリオリに教えることができる、とあえて声高に肯定しなければならないだろう。なぜなら相関主義者こそが、そのように記述されたことは決して起こりえなかった、ということを知っているからだ。

　だがそうなると、あたかも、超越論的観念論――いくぶん都会的、文明的で、合理的な観念論――と、思弁的ないし主観的観念論――野蛮で、粗野で、むしろ常識はずれでさえある観念論――との境界線が、すなわち、私たちがそこに敷くようにとかつて学んだ――カントとバークリーを隔てる――境界線が、物質化石からの光によって、ぼやけて消えてしまうかのようになる。原化石に対峙すると、あらゆる観念論は収斂し、みな等しく常軌を逸したものになる――あらゆる相関主義は、極端な観念論としてみずからを現わす。科学が私たちに語っている人間なき物質による数々の出来事は、科学がそれを語るようなしかたで実際に起こっていたのだろうと決定的に認めることが、この極端な観念論にはできない。そして我らが相関主義者はそのとき、自分たちが危ないくらいに現代の創造論者たちの近くにいることを発見するのだ。今日、聖書の「文字通りの」読解によって、地球ができてから六〇〇〇年しか経っていないと主張する、あの風変わりな信者たちと似ていることを発見するのである。創造論者たちは、科学によるもっと古い年代測定に反対して、いささかもひるむことなく答える。神は、六〇〇〇年前に、地球と同時に、もっと古い地球の年齢を示すような放射性物質を創造したのだ――そしてこれは、物理学者たちの信仰を試すためなのだ、と。原化石の意味も、それと似たように、相関性のなかにいる哲学者たちの信仰を試すことにあるのだろうか。存在するものと現れているものとのあいだの深淵な隔たりを示すデータを前にした哲学者の信仰を試しているのだろうか。

＊＊＊

祖先以前性の反論に対する相関主義の二つの対応策によって、私たちはこれから、祖先以前性の性質を精密化し、その特異性を浮かび上がらせることができる。

（1）第一の対応策は、よく知られている、取るに足りない反‐観念論の議論と同一視することで、原化石の問題をつまらないものにすることだ。反論者は次のように言う。

「あなたの反論は、陳腐な議論にたやすく還元できる。最初に私が指摘するのは、相関主義に対しては、空間的な隔たりも厳密に言えば同じ問題（あるいは同じような見かけをした問題）を引き起こすのに、あなたの主張は時間的な古さを理由もなく特権化しているということである。無辺に遠い銀河で起こる出来事は、あらゆる可能な観察の外にあるのだから、地球上のあらゆる生命以前の出来事の空間的等価物となるだろう。どちらの場合においても、（少なくとも地球での）可能な目撃者をもたない出来事が問題となる。このことがまさしくあなたの議論の中核を形成している。なぜなら、あなたの主張では、相関主義は〈世界‐への‐関係〉と結びつけられないものについて思考することはできないとされているからだ。したがって、ここまでは時間に制限されていた議論を空間にまで延長して、古さの問題に遠さの問題を付け加える権利が認められるはずであろう。

しかしそうなると――ここが議論の第二段階だが――、隔たりないし古さの概念は曖昧な概念であることに気づくのではないだろうか。どちらの概念も、この議論の枠組みのなかでは、「近い」ないし「最近の」ものがどこで終わり、「遠い」ないし「古い」ものがどこから始まるのかを確実に決定することができない。とりわけ、考察された対象の相対的な近さの問題は、このように拡張された議論のなかではいかなる実効性ももたないということに気づくのではないか。たとえば、田舎の家に倒れた花瓶があって、それに気づく者が誰もいないとき、この議論の立場からすれば、月面に観測されるクレーターのほうが、本当のところ私たちにとって、その花瓶よりも「近い」ものであることになる。確かに、観測されたクレーターは、相関主義者たちにいかなる問題も提起しない、クレーターはそれを理解する主体に関連しているからだ。他方で、倒れた花瓶は、あなたの主張に従えば、目撃者をもたないものであるから、ひとつの問題を提起しうる。すると、同じように、時間的に近いが目撃者のいない出来事は、あなたの論理のなかではつねに、何らかの意識による想起経験のなかで証言される古い出来事よりも問題的なものとなる。

したがって、この議論は、観念論に対するささいな反論の限定された一種にすぎないものであると明らかになる。出発点としてあるのは、実在論によってでもない限り、目撃者なきものは思考不可能であるという主張である。そしてまた、祖先以前の、あらゆる地上の生に先立つ出来事は、その定義上、目撃者をもつことはありえないのだから、そうした出来事は相関主義者によっては思考不可能であると困難なく結論される。だが、相関主義に対するこうした独創性のない反論は、同時にきわめて不十分なものである。というのもこれまで、所与のものに欠落があるということが、相関主義者に問題を提起することは決してなかったからだ。フッサールの有名な〈概略的な所与〉の考えを想起するだけでいいだろう。立方体のすべての面を同時に知覚することは決してできない。つまり立方体はつねにその所与のただなかに、非-所与を秘めているのである。一般的に言えば、知覚にまつわる最も初歩的な理論によって次の事実が主張されるだろう――すなわち、ある対象の感覚的な把握は、把握されないものを基盤にしてつねになされる、これは空間性に関しても時間性に関しても同じことである、と。海を視覚的に知覚することには海の底を知覚しないことが基底にある。朝に波の音を聞くことは、その前の夜に波の音を聞かなかったことを基底になされる、等々である。

したがって、本質的に欠落があると見なされるはずの所与の枠組みのなかで、目撃者なしという状態を思考することには、いかなる困難もないのである。というのも、相関主義の枠組みのなかでこの種の出来事を再構成するためには、次のようなタイプの反事実的条件法を導入するだけで十分だからだ――すなわち、もし目撃者が存在していたとするならば、その出来事はかくかくしかじかのやり方で知覚されていたであろう、と。実際、この反事実的条件法は、人のいない家での花瓶の落下についても、宇宙的なあるいは祖先以前的な、どちらにしても遠く離れた出来事についても同じように働くのである。いずれの場合においても、相関主義は科学と同じことをきわめて単純に述べる。花瓶の落下の目撃者がいたとしたら、目撃者は花瓶が重力の法則に従って落下したのを見たであろう。生命の誕生の目撃者がいたとしたら、その人による観察は――この問題に関する生物学の仮説に一致しつつ――この点について成された理論と一致するものとなるだろう、等々。

つまり、祖先以前的なものは、相関主義に対する新しい反論をまったく構成しない。それは、そもそも以前から無害だった議論を新しい色で塗り直したものにすぎないのだ」。

こうした対応策は、二つの概念の誤った同一視に完全に立脚している。つまり、祖先以前の概念と、（空間的な）遠さ、（時間的な）古さの概念の同一化である。

観念論に対する空間的に遠い出来事にもとづいた反論は、古い出来事にもとづいた反論とまさに同一のもので、「目撃者なし」あるいは「気づかれないもの」の反論と呼べるだろう反論の、時間ないし空間的な等価のヴァージョンである。そして、気づかれないものについての議論は――相関主義者はこの点では正しいのだが――実際のところ相関主義に対してささいであり、取るに足りない。けれども、原化石の議論はそうした反論と決して同一ではないのである。なぜなら祖先以前のものは古い出来事を指示してはいないからだ。祖先以前のものが示すのは、地球上の生命よりも前の出来事であり、つまり、贈与それ自体以前の出来事なのだ。祖先以前性がまさしく時間的な概念であるとしても、その概念は、定義されるために、時間における隔たりに訴えないで、時間のなかにある先行性に訴えている。それゆえに、原化石はたんに目撃者なしであった出来事を示すのではなく、贈与なしであった出来事を示すのである。祖先以前の実在は、欠落のある所与がそれゆえに把握できていない出来事に関係するのではなくて、欠落していようがいまいが、いかなる所与とも共時的でない出来事に関係するのである。この点に、祖先以前のものの特異性、および〔相関主義に対する〕その反論の実効性がある。

この点をよく理解しておこう。目撃者なしの出来事――空間的であろうと時間的であろうと関係のない出来事としての――による伝統的な反論が相関主義を危機に陥れることがないとしたら、それはその反論が、贈与がすでにあるときに生じた出来事を対象としているからだ。だからこそ、この場合の反論は、時間的でも空間的でもありうる。というのも、空間において隔たった出来事について話すとき、この出来事は、それを考察する意識と共時的でしかないからだ。空間的に気づかれないものに関係する反論は、ゆえに、共時的なものとしてみなされる出来事と意識にしか関係することができない。こうした理由で、目撃者なき空間的な出来事は、欠落のある所与のひとつの様態として本質的に回収できる。つまり、相関性の論理を危うくすることのない、現れざる所与として回収できる。

けれども、祖先以前のものは、所与のなかの欠落や、所与にとっての欠落ではなく、贈与それ自体の欠落である。まさしくそれこそが、空間的に気づかれないものでは、いかなる場合においても捉えられないことなのだ。ある種の時間的な実在性だけが、それを捉えることができる。それは曖昧な意味での古いものではなく、時間的所与の何らかの欠落でもない。そうではなくそれは、全体としての贈与の以前と見なされなければならない。それは所与がそれを一部欠けたものとして示すような世界ではなく、十全であれ欠落しているのであれ、いかなる所与も存在しないときに展開されるような世界である。それゆえ、祖先以前のものは、気づかれないものの場合とはまったく異なる挑戦を相関主義に対して突きつけるのだ。すなわち、所与それ自体が非存在から存在へと移行する時間をどのように考えるか。欠落したしかたで与えられる時間ではなく、あらゆる贈与の欠落から、欠落のある（ところどころで）贈与の実効化へと移行する時間を考えるのである。

　したがって、反事実的条件法を引き合いに出してこの問題を解決するというのは、問題になりえないのだ。なぜなら、反事実的条件法はそもそも、問題とされていることを前提にするだろうからである――もし、何らかの意識が地球上の生命の出現を観察したならば、所与の出現の時間は、所与のなかの出現の時間となっていたであろう。ところで、ここで考えられている時間とは、まさしくそこにおいて時間意識としての意識それ自体が出現した時間である。というのも、原化石の問題とは、生命をもった有機体の誕生についての経験的な問題ではなく、贈与の到来に関する存在論的な問題だからである。そして、より先鋭化するならば、問題は、意識に先立って存在すると考えられる時空間のなかで、科学が特別な困難なしに、意識の到来とその贈与の時空間的な形式の到来をどのように考えることができるのか、ということを理解することである。とりわけ、それによって、科学は、贈与なき状態から贈与がある状態への移行が実際にそこで起こった時間を思考しているのだと理解されるのである――つまりそれは、定義上、贈与に先立っていて贈与の出現を可能にした、贈与へと還元されることのできない時間である。別の言い方をすれば、問題となるのは《科学の時間》であって、意識の時間ではない。《科学の時間》は、それが把握されるためには、物理的事象のみならず、所与の事物と事物の贈与とのあいだの相関性を生み出すことのできる力も含むものとして理解されねばならない。科学が思考しているのは、まさしくそれではないのか。それはたんに贈与に先立つのみならず、本質的に贈与とは無関係な《時間》である、なぜなら、もし生命が出現しなかったならば、贈与も決して出現しえなかったであろうからだ。科学は、意識の時間性なしで済ませることもできる時間を、またその固有の流れのなかで意識の時間性を特定の時点で出現させることもできる時間を示している。科学を思考するということは、つまり、生成の規定を考えることだ――その生成は相関的ではありえない、なぜならその生成のなかに相関性があるのであって、相関性のなかに生成があるのではないのだから。ゆえに、挑戦は次のようになるだろう。科学は、時空間的な贈与それ自体が、あらゆる贈与に先立つ時間および空間のなかで到来したという、そのような世界を考えることにいかに到達したのか、を理解することである。(12)

いまや私たちが理解したことだが、この最初の対応策における詭弁は、ある欠落によって別の欠落を消し去り、所与の非存在を非存在の所与によって、あたかも前者が後者に帰着するかのように覆い隠したことにある。だがこの不在のものの不正取引、欠落に関する策略は、私たちのところにある二つの無の還元不可能な差異を、そして、そこから二つの議論の差異を、空しく覆い隠している。すなわち、気づかれないものに関する取るに足らない議論と、祖先以前的なものに関する、実効性をもった議論である[13]。

（2）では、私たちは、超越論的観点からなされる、相関主義者の第二の対応策を定式化しよう。それは、私たちの議論に対して最も辛辣なものである。「あなたの反論、「原化石」の名のもとでなされる反論は、扱っている問題の経験的なレベルと超越論的なレベルに関する初歩的な混同があることを示している。

経験的な問いとは、有機的な身体が、次いで明らかに意識をそなえた身体が、いかにしてそれ自体物理的な環境のなかに現れたのかを知るためのものだ。超越論的な問いは、そうした生命や意識の物理的

（12）祖先以前性の議論が本質的に「目撃者なし」の反論と区別されるのであれば、祖先以前性についての議論は、反対に、意識の単独での誕生や死が、それ自体は意識的なものではありえない時間を必要とするということを強調する反論に近づく。けれどもこのとき相関主義は、間主観性によって織り上げられた時間のなかで人は個別的に生まれて死ぬということを主張して、みずからを守る。間主観性によって織り上げられた時間とは、諸々の意識の共同体の時間であり、そこにおいて誕生と死は、他の意識にとっての誕生と死であり、ふたたびエゴの集合性にとっての所与へと還元されながら展開されるのである。私たちは、相関主義者のこうした対応は絶望的な詭弁であると考える。それは、発生や死滅を他者がそれについて認知するものへと還元する。だが、こうした逃げ道を避けるために、私たちは議論を祖先以前のものに制限する。祖先以前のものは、あらゆる共同性を一掃し、とりわけ、いかなる相関性によってももはや捉えることができない時間に私たちがアクセスできるのは科学によってであるということを明確に示すという利点がある。

（13）本書の第五章で、フッサールとハイデガーがこの差異を意識していたことがわかるだろう。気づかれないものは、欠落した所与の同義語でしかなく、二人に決して問題を提起しなかったとしても、あらゆる生命が存在しなくなった世界を思考することは、彼らにとって明らかに疑いのない挑戦に思われた。

発生についての科学がいかにして可能かを規定するためのものである。さて、思考のこの二つのレベル――経験的／超越論的なレベル――は、平らに広げられた紙テープの両面のようなものだ。つまり両者は完全に連動しているが、決して交差することはない。あなたの間違いは、まさしくこの交差に発する。あなたは、平らであり続けるべきだった構造で、メビウスの輪を作ってしまったのだ。実際あなたは、超越論的主観が――それはつまり科学の主体である――、あたかもそれを支持する物理的有機体と本性的に同一であるかのようにしている。あなたは――自然のなかに現れる――意識をもった有機体と、それについて知を構成する科学の主体とのあいだで「母音縮合」を行っている。しかし、両者には違いがある。一方で、意識をもった有機体は実際に存在している。それは存在者であり、何であれいかなる物理的有機体と同じ資格である。だが、超越論的主観はまったく実際に存在していない。超越論的主観は存在者ではなく、それは、存在者についての客観的で科学的な認識を可能にするための条件の総体なのである。ところが、客観的認識の条件それ自体は、客観的対象のように見なされるわけにはいかないのであり、対象のみが実際に存在すると言われうるのだから、条件については、実際に存在するのではなく、まさしく条件づけるものである、と言わなければならない。

あなたが言う「科学の時間」の概念、そこにおいて、身体と、身体の贈与とがどちらも出現するという時間の概念は、したがって「曖昧の虚偽」を犯すものである。この概念は、実際に時間のなかで出現し死滅する身体の客観的な存在と、身体という客観的な存在についての認識の条件とを混同している。認識の条件は、いかなるものであれ、まったく時間に依存しない。というのも、そういった条件を時間のなかに書き込むことは、必然的に条件を人間化し、対象にすることだからだ。対象について思考するように対象の条件について思考することは、まったくもって不可能だ。あなたのパラドクスは、決して交わることのない考察の二つのレベルの結び目から生じる。あなたがこの交わりをもたらさないならば、このパラドクスは消滅する。対象の側では、身体が生まれて死滅する。条件の側では、条件がその認識を規格化する。だが、この条件が生まれて死滅すると述べることは無意味だ。それは、条件が聖なる実体のように永遠的なものであるからではなく（これもまた条件を、この場合は超感覚的な対象として考えることになるだろう）、たんに条件が同じ考察の地平に属していないからである。それは、嘘つきのパラドクスのような、言説と言説の対象との混同から生じたパラドクスをみずからに強いることであろう。結果として、あなたは、身体が、主観の客観的支持体として、時間のなかで生まれて死滅すると言うことはできるが、そうした事実についての認識を可能にする条件について、同じことを言ってはならない。もしそれに背いたならば、あなたは超越論の基本的要請を断ち切ることになる。あなたはそれに反論できない。あなたはそういう適用をしないよう控えるべきである。

だから、あなたの問題は「存在論的」であって「経験的」ではない、と言ってはならない。なぜなら、あなたの問題――つまり原化石の問題――は経験的なものであって、それ以外のものではないからである。認識の超越論的な条件については、それが現れたとか消えたとか言うことはできないし、永遠であるとも言えない。そうではなく、それは「時間の外」かつ「空間の外」にあるのだ――つまり、対象に関する科学的言説が届かない外部にある。なぜなら、それはそうした言説の形式だからである。その条件によって実行可能になっている科学に、その条件を従属させようとするあらゆる試みは、超越論的なものの意味自体を欠くものとして断罪されるのである」。

以上は、カント的な観念論の古典的な擁護――すなわち経験的なものと超越論的なものの混同の告発

――である。だがこれは、この場合、取るに足りない反論である。

　こうした対応の中核にあるのは、科学の対象に関わるあらゆる言説の認識の条件に、免疫を与えることである。それは、超越論的な条件は対象ではなく、実際にはまったく存在していないという議論を通じてなされる。条件という概念は、超越論的なものを存在に関わるあらゆる考察の外部に置くことによって、超越論的なものを「非‐存在論化」する。しかしながら、もし超越論的哲学者がこのように条件という概念を扱うことを望んだとしても、その概念をずっと保持できるかは確実ではない。理由を以下に述べる。

　私たちは次のように言われた。超越論的なものは存在しない、なぜならそれは対象のようなしかたでは存在していないからだ、と。確かにそうかもしれない、だが、超越論的主観が対象のようには実際に存在していないということに同意したとしても、超越論的主観は確かにあるのであって、ないのではない。ところで、私たちの側では、超越論的主観がそのようにあるための条件について思考することを妨げるものは何もない。そして、諸条件のなかで私たちは、超越論的主観は、そうした主観が場をもつ＝生じるという条件においてのみありうる、ということを発見するのである。

　ここで「場を持つ＝生じる avoir lieu」という語によって、私たちは何を理解しているのだろうか。それは、あらゆる独断的形而上学を拒絶するものとしての超越論は、視点［*point de vue*］という概念と切り離せないということである。世界に向けられるいかなる視点ももたない主体というものを想定してみよう。それは《全体性》としての世界にアクセスできる主体であり、対象の現実をすべて瞬時に観察して何も取り逃すことはないだろう。だが、そのような者は、超越論的主観の本質的な有限性を失っている。そうした主体にとって、世界は、認識の統制的理念であることをやめて、実際に無媒介に知られる透明な対象となるだろう。感覚の受容性とその時間・空間という形式――それと悟性はカントにとって認識の二源泉である――は、この二つの形式に含まれるものの実在的な無限を全体化できるような主体には、もはや適用されえないだろう。同じように、そうした主体は、知覚の概略による認識を凌駕し、世界を地平にするのをやめ、世界を完全に知られる対象にするのであり、フッサール的なタイプの超越論的主観としては考えられなくなるだろう。

ところで、有限性や受容性、地平や知の統制的理念といった概念は、どのようにして構成可能なのだろうか。すでに述べたように、それは、超越論的主観が世界へのひとつの視点として措定されるからであり、世界のただなかで場をもつものとして措定されるからである。主体は、世界のなかに位置づけられることでのみ、超越論的になるのだ。そうした主体は世界の有限の一側面しか見いだすことができず、決してその全体性をふたたび取り集めることはできないのである。これは次のことを意味する。超越論的主観がその世界の有限な諸対象と並び立つものとして局所化されるためには、超越論的主観は、あるひとつの身体のなかでのその受肉と不可分である、つまり、世界の特定の一対象と不可分である。超越論的なものはまさしく物体・身体の認識の条件なのだが、逆に、身体は超越論的なものが場をもつ＝発生するための条件であると付け加えなければならない。超越論的主観がしかじかの身体をもつということは、経験的なことである。だが、超越論的主観が身体をもつということは、それが場をもつ＝発生するための非‐経験的な条件なのである。身体とは、認識の主体の「前‐超越論的 retro-transcendantal」条件であると言うこともできるだろう。というのも、確立されている区別で言うならば、主体は、思考する身体によって例化［*instancier*］されるが、例示［*exemplifier*］はされない。ある存在が個体化されるのでなければ存在しないとき、その存在は一個体によって例化されると確かに言うことができる。他方で、もし存在が個体化されなくても存在すると想定されるならば、その存在は一個体によってたんに例示されると言える。たとえば、プラトンにおいては、人間‐存在は、感覚的な個別的人間によってたんに例示されるにすぎない。というのも、人間‐存在はまたイデアとしても存在しているからだ。これとは逆に、経験主義者にとって、人間という種は個別的人間によって例化されているのであり、すなわち、この種はそれを受肉化した個体の外部には存在しないのである。

　ところで明らかに、超越論は思弁的観念論ではないと主張するのならば、超越論的主観が身体のなかで個体化することなしに存在するとは認められないだろう。なぜならそうでなければ、超越論的主観は、絶対的で《理念的な主体》になるという思弁的実体化を作動させてしまうからだ。だから、主体は、思考する身体によって例示されるのではなく、例化されるのである。しかしこの場合、思考する身体が時間のなかで出現するという問題を提起するとき、私たちは同時に、例化の条件の時間性の問題を、つまり、超越論的なものそれ自体が場をもつ＝発生することの条件の時間性の問題を提起しているのである。客観的な身体は確かに十分条件ではない。が、それは、超越論的なものが場をもつ＝発生するための必要条件である。こうして私たちは、科学の時間が、生きた身体の出現を時間化・空間化するということ、つまり、超越論的なものが場をもつ＝発生することの条件の出現を時間化・空間化するということを発見する。生きた身体と共に、主体の例化が、その〈世界‐への‐視点〉という性格が、実際に出現したのだ。主体がここに、地球上に出現したのか、他の場所にも存在したのか、というのは純粋に経験的な問いである。しかし、主体が時間と空間のなかで身体に例化されて出現した——端的に、出現した——ことへの問いは、客観的身体と超越論的主観とに不可分に関連する問いなのである。そして私たちは、この問題が、いかなる場合であれ、超越論によっては思考されえないものであることを発見する。なぜなら、この問題は、超越論的主観が場をもたないでいることから場をもつに至る移行が可能となった時空間に関わるものだからだ。つまりこの場合の時空間は、表象における時空間的な形式に先立つのである。こうした祖先以前的時空間を思考することは、同じ身ぶりにおいて、科学の諸条件を思考することであり、超越論的なものはこの責務を果たすのに本質的に不適格であるとしてその失効を宣告することでもある。

＊　＊　＊

私たちは、祖先以前性が、ある哲学的な問題を構成することを把握し始めている。それによって、カント以来、堅固であるとしばしば見なされてきた諸決定が、再検討の対象となるのだ。しかし、すぐに付け加えなければならない。私たちのここでの意図は、そうした問題の解決ではなく、ただ、その問題を厳密な形式のもとで提示することなのであり、そうすることで、解決がまったく考えられない問題であるとは思われなくなるのである。

そのためにまず、これから先「祖先以前性の問題」と名づけられるものの正しい賭けどころを強調しておかねばならない。私たちの問いは次のようなものであった。いかなる条件のもとで、祖先以前的言明が意味を保持するのか。けれどもこの問いがもうひとつの問いを覆い隠していたことも、私たちはよくわかっている。その問いはより根源的で、最初の問いの真の射程を解放する——すなわち、祖先以前のものについての知を作り出す経験科学の能力をどのように考えればいいのか、という問いである。というのも、祖先以前性を通じてここで問題となっているのは、まさしく科学の言説、とりわけ、そうした言説を特徴づけている数学的な形式だからである。したがって私たちの問題は次のようになる。人間のいない世界、現出に相関しない物や出来事で満ちた世界、世界への関係と相関しない世界、こうした世界が数学的言説によって記述可能になるのは、どうしてなのか。ここに、私たちが直面しなければならない謎がある。《大いなる外部》について推論できる数学の能力、すなわち人間どころか生命も存在しない過去について推論できる能力、いったいこれは何なのか。さらにパラドクスの形でそのことを言うならば、次のようになる（これを「原化石のパラドクス」と名づけよう）。すなわち、いかにして何らかの存在が、その現出以前の存在を現すことができるのか。ある物証は、経験そのものに先立つ世界についての情報を私たちに与えてくれるが、いったい何によって、その経験が、数学化された言説によって解明可能なものとなっているのか。このパラドクスに純粋な矛盾としての魅力があることについては、異議はない。原化石が私たちに提起する恐るべき問題の本質は、まさしくこの矛盾のただなかにしっかりと身を置いて、そのかりそめの性質を最終的に発見する点にある。科学がもつ祖先以前の射程を思考するためには、どの点においてそうした矛盾が見かけだけのものなのかを、私たちは実際に明らかにしなければならない。

　したがって、私たちの問いは次のように再定式化できる。いかなる条件において、近現代の科学における祖先以前的言明を正当化できるのか。これは一種の超越論的な様式の問いだが、その特徴は、第一条件としての超越論的なものを放棄している点である。この問いは、素朴実在論からも相関主義の巧妙さからも等しく距離をとることを要求している。二つの立場はどちらも、祖先以前性を問題と見なさないやり方である。相関的循環という明らかに避けがたい力を私たちは心に留めておかねばならない（素朴実在論者に反して）。だが、相関的循環は、もはや手の施しようがないほどに祖先以前性とは両立不可能である（相関主義者に反して）。このテーマについて哲学者が非‐哲学者に対してもつアドバンテージがあるとすれば、それは、哲学者だけが、強い意味で、祖先以前的言明の単純な文字通りの意味に驚くことができるということだ。このことを理解しておく必要がある。超越論的なものの力は、実在論を幻想にすることではなく、実在論を驚くべきものにすることにある。明らかに思考不可能だが、しかしながら真である実在論――そのような資格において、実在論は、すぐれて問題提起的なものなのである。

　原化石は、思考の跡をつけるよう私たちを誘い、「隠された通路」を発見させようと私たちを招き入れる。原化石は、この「秘密の通路」を通って、二世紀にもわたり近現代哲学が不可能として教えてきたものを私たちに手に入れさせようとしている――自己自身の外に出ること、即自を捉えること、私たちがいようがいまいが存在するものを知ること、である。

第二章　形而上学、信仰主義、思弁

祖先以前のものを思考するということ、それは、思考なき世界を思考するということに帰着する――思考なき世界とは、すなわち、世界の贈与なき世界である。したがって私たちは、現代人の存在論的要請、存在するとは相関項であることであるという要請と手を切らなければならない。反対に私たちは、思考がどのようにして非-相関的なものへと――すなわち贈与されずに存在しうる世界へと――アクセスできるのかを理解するべく試みなければならない。あるいは、以上のことは、思考はいかにして、ある絶対的なもの［*un absolu*］へアクセスできるのかを把握しなければならない、ということに相当する。絶対的なものとは、思考への結びつきを解かれている［*délié*］（これこそ*absolutus*の第一の意味である）もの、思考から分離されているがゆえに私たちに非-相関的なものとしてそれみずからを私たちに差し出すものであり、私たちが存在しようがしまいがお構いなく存在しうるものである。しかし、ここに注目すべき帰結がある。祖先以前のものを思考することは、いわば、絶対的なものの思考と改めて関係を結ぶことを強いるのである。あるいは、祖先以前のものを通して、経験科学の言説それ自体を私たちは理解し正当化しようとしているのである。次のように言わねばならない。絶対的真理を固有の方法で発見できると自負する哲学を断念せねばならないどころか、したがって、さまざまな実証主義がそう望むように絶対の追究などやめなければならなくなるどころか、科学が私たちに科学固有の絶対性を発見するよう命じるのである。というのも、もし絶対的なものをまったく思考できないならば、私は祖先以前のものに意味を与えられない、よって、祖先以前のものの認識を可能にする科学に意味を与えられないことになるからである。

したがって私たちは、絶対的なものを認識するという要請と改めて関係を結ばねばならないのであり、また、そうする可能性を禁じる超越論的なものと絶縁せねばならない。このことは、また批判哲学以前の哲学者に戻らねばならない、独断的な哲学者にならねばらないと言うに等しいのだろうか。困難のすべては、そうした昔帰りは正確に言って不可能に思われるということだ。すなわち、私たちはもはや形而上学者ではありえないし、独断的でもありえない。この点において、私たちはカント主義の継承者でしかありえないのである。しかしながら、私たちは、デカルト主義のテーゼ——一次性質と二次性質の区別——を擁護したかのようであった。デカルト主義のテーゼは独断的なのであって、私たちは批判哲学によるその資格剝奪に抗したかのようであった。しかしこの擁護は、ここが重要な点なのだが、もはやデカルト自身の議論にもとづいてなされるわけにはいかないのである。なぜなら、デカルト自身の議論は否定しがたく有効期限切れであるように思われるからだ。私たちはまず、この失効の深い理由を理解することから始めなければならない。というのは、これから明らかになるが、まさしくデカルト主義の不十分さの理由を把握することによって、同時に、絶対的なものへの別の関係の可能性を考えることができるだろうからである。

＊＊＊

デカルトは、延長実体の絶対的な存在という主張を、すなわち、物体に関する数学的言説の非‐相関的な射程についての主張をいかに正当化しているのか。デカルトの推論は、大まかに言って、次のように再構築されうるものだろう。

1　私は、至高にして完全なる神の必然的存在を証明できる。周知の通り『省察』で提示された神の存在証明の三つのうちひとつは、カント以来、存在論的証明（ないし議論）の名で知られるものだ。その原理は、神の存在を、神は無限に完全であるという神の定義から演繹することである――つまり、神がもし完全であるならば、存在することは完全性の一種なので、神は存在しないわけにはいかない。デカルトは神を、それを考えるために私が存在していようがいまいが関係なく、全き必然性で存在するものとして考えるがゆえに、デカルトは私に絶対的実在へのアクセスが可能となるよう保証してくれる。絶対的実在へのアクセス、それは、私の思考に相関することなき《大いなる外部》へのアクセスである。

2　この完全なる神は、私が正しく知性を使うならば、つまり、明晰にして判明な観念で考えるならば、私を欺くことはできないだろう。

3　私の外部には、私がそれに三次元の延長性のみを賦与するならば、それについて判明な観念を得るところの物体が、存在していると思われる。これは、実際に私の外部に存在していなければならない、なぜならそうでなければ神は誠実でないことになり、それは神の本性に反するからだ(1)。

このようなデカルトの手続きの本性を、内容から独立させて考えるならば、証明は次のように成り立っていることがわかる。1　ある絶対者の存在、すなわち、完全なる神を確立する（これを「第一絶対者」と呼ぶことにしよう）。2　そこから、完全なる神は欺きえないということを援用して、数学的なものの絶対的な射程を派生させる（これを「派生的絶対者」と呼ぶことにしよう）。ここでの「絶対的な射程」というのは、物体において数学的に思考可能なもの（算術ないし幾何学によって）は、絶対的に私の外部に存在しうるということである。ところで、このようにデカルトの証明の形式面だけを考えるのであれば、これ以外に数学的言説を絶対化しうる方途があるとは思われない――すなわち、私たちは、それ自体ではじかに数学的ではない絶対者（完全なる神）かもしれないが、私たちがそこから数学の絶対性を派生させることのできる絶対者（延長する物体の存在を保証する誠実な神）へアクセスせねばならないのである。したがって私たちは、新たに私たちで、そうした論の形式に即した別の論証を作ることができなければならない。しかし、その内容を明らかにするには、今度は、デカルトの証明の内容がどういう点で相関主義による批判に耐えられないものであるのかを説明することから始めなければならない。

さて、相関主義者であれば、先の証明にどのように反駁するだろうか。実際には、相関主義のどういうモデルを採るかによって、可能な反駁は（少なくとも）二つある。私たちは、相関主義に二つのタイプを区別できる。ひとつは「弱い」と形容できるだろうモデルで、これはカントのものである。もうひとつは「強い」モデルで、これが、はっきり主題化されてはいなくても、今日支配的であるように思われるものだ。これから私たちは、まず、弱いモデルによる〔神の〕存在論的証明への反駁を述べてから――すなわち、カントによる反駁――、次に、このモデル自体がどういう点でもっと厳密な相関主義による批判を受けるのかを示していこう。そうして私たちは、この「強い」モデルがどういう点で、絶対者を思考するのだと標榜するあらゆる企てへの最もラディカルな反駁を提供するのかを理解することになるだろう。

先述のことからして、〔相関主義による〕デカルト批判は簡単だと思われるだろう。つまり、存在論的証明に対し「相関的循環」の論法を適用すれば十分である、と。ひとは次のように言うことになるだろう。「デカルトの議論は間違っている、絶対的な存在へアクセスするという企図のゆえに間違っているのである。実際、デカルトの論証――神は完全であるから、神は存在せねばならないという論証――は必然性を求めているが、たとえこの必然性が詭弁的ではないと認めるにしても、いささかも絶対者の存在を証明するものではない。なぜならそれは、私たちにとって必然的でありうるにすぎないからだ。こうした私たちにとっての必然性が、それ自体における必然性であるという肯定は、不可能なのだ。誇張的懐疑の論法を繰り返すならば、私の精神がそもそも歪められていないかどうか、それで無効な議論の真理性を信じさせられているのかどうかを知ることはできないのである。もっとはっきり言えばこうだ。絶対的必然性はつねに私たちにとっての絶対的必然性であるというこの事実のみからして、それは決して絶対的なのではなく、私たちにとっての必然性であるにすぎない」。

相関的循環というのは、したがって、あらゆる絶対化の手続きにおける悪循環を曝くわけで、このやり方は、当の議論がどういう本性であるかには関係がない。ここでは、まったくデカルトの証明を検討

（1） この論証については、ふたたび次を参照。Descartes, *Méditations métaphysiques*, op. cit., sixième Méditation. また、*Les Principes de la philosophie*, op. cit., Seconde Partie, article 1.〔デカルト『省察』第六省察、また『哲学原理』第二部、第一項。〕

しなくてよい。というのも、反駁の要は、絶対的なものを思考するのだという権利要求それ自体であり、その目的のための手続きではないからだ。

ところが、周知の通り、以上はカント自身が『純粋理性批判』の弁証論において存在論的証明に反駁した際のやり方ではない。カントは、デカルトの議論自体を相手取った反駁を提起している。つまり、その議論の詭弁性を示しているのである。なぜカントは先のような〔相関的循環による〕論法で満足していないのだろうか。

デカルトの議論の要であるのは、存在しない神は矛盾した観念だということである。デカルトにとって、神を存在しないものとして考えるのは結局、三つの角をもたない三角形を考えることに同じく、主語と矛盾する述語を考えることに帰着する。角が三つであることが三角形の定義に属するのと同じく、存在することは神の定義自体に属する。ところが、カントとしてはどうしてもこの議論を失格にせねばならない。神は存在しないと主張することには実にいかなる矛盾もないと証明せねばならない。もしそのことに矛盾があるとすれば、デカルトは本当に絶対者に到達したとカントは認めざるをえないだろう。では、どういう理由をもち出すのか。そこで『純粋理性批判』の著者は、物自体〔la chose en soi〕は認識不可能〔inconnaissable〕であるにせよ、同時に、それは思考可能〔*pensable*〕であるという主張をする。というのも、カントは私たちに、論理的矛盾は絶対的に不可能であることをアプリオリに知る可能性を賦与している。私たちは、一方では、カテゴリーによる認識を物自体に適用することはできないが、反対に、物自体をあらゆる思考の論理的要請に従属させることができるのである。ゆえに、カントにおいては、次の二つの命題が絶対的に存在論的な射程をもっている。

1　物自体は無矛盾である。

2　物自体は確かに存在する、なぜなら、そうでないならば、現象が、現象化されるものなしに存在することになり、それは、カントにとって矛盾したことであるからだ[2]。

こういうわけで、デカルトのテーゼを斥けることが不可欠なのである。というのは、もし神は存在しないということが矛盾するのであれば、神が存在することは、カントの視点から見ても絶対に必然的になってしまうからだ（のみならず、私たちにとってもそうだ）。こうして、ひとつの論理原則〔無矛盾律〕を使うだけで物自体を積極的に認めることが可能になるだろう。では、カントの批判の原則とは何か。それは、周知の通り、すでに存在すると想定される事物とその述語のひとつとのあいだに生じる矛盾以外には、他のところでは矛盾は生じえない、とする原則だ。三角形が存在すると想定するならば、三角形に三つ以下・以上の角を矛盾を犯すことなく賦与することはできない。しかし、もしこの三角形を除去するならば、つまり「もし私が述語と同時に主語を除去するならば、いかなる矛盾も生じない。なぜなら矛盾が介入しうるものがもはや何もないからである」[3]。主語というものは、何であるにせよ、その概念の力によってそれの存在を思考に強制することは決してできないだろう。なぜなら、存在は決して主語の概念の一部ではないし、また、主語の述語のひとつでもないからだ。存在は、主語の概念にひとつ

（2）物自体の思考可能性については、Kant, *Critique de la raison pure*, Préface de la deuxième édition, trad. Alain Renault (AR), Flammarion, 2001, p. 82-83. アカデミー版、édition de l'Académie de Berlin, Walter de Gruyter & Co, Berlin, 1968 (AK), vol. III, p. 17. 〔カント『純粋理性批判』上巻（カント全集・第四巻）有福孝岳訳、岩波書店、二〇〇一年、四〇－四一頁（B xxvi-xxvii）。〕

（3）*Critique de la raison pure*, op. cit., p. 531; AK, III, p. 398. 〔カント『純粋理性批判』中巻（カント全集・第五巻）有福孝岳訳、岩波書店、二〇〇三年、二八三頁（A 594/B 622）。〕

の純粋な位置のように付け加わるのである。何らかの存在が完全であるには、実際に存在しなければならないと言うことは確かにできる。しかし、完全なものとして思考されるからと言って、実際に存在することにはならない。アプリオリに主語にその実際の存在を賦与できるような、いわば「驚異の述語」などありはしないのだ。言い換えればカントは――ヒュームの後で――存在論的証明を失効させたわけであり、これは、私たちが、何らかの規定された存在者が実際に存在する／しないということをつねに矛盾なく考えられるという事実にもとづいてのことである。存在者のいかなる規定であれ、私たちに対してアプリオリに、その存在者が実際に存在するのかしないのかを告げることはできない。たとえ、何かを「無限に完全なる」述語によって言うにしても、そこからその主語が存在すると推論することはできない。もし、そこからその主語が存在すると推論するのならば、その述語を通して、まったく道理に合わないことを言っているのである。

　周知の通り、以上のカントによる存在論的証明への反駁は、デカルトの議論への批判であるばかりでなく、もっと先へ行くものである。というのは、そこでの課題は、神の存在証明を斥けることばかりでなく、特定の存在者の絶対的な必然性を示していると主張するあらゆる証明を斥けることだからである。では、何らかの存在者――何か特定のもの［*res*］――が必然的に存在するはずであると言明する、必然性の存在論的なあり方を、ここで「実在的必然性 nécessité réelle」と名づけよう。この種の必然性は、あらゆる独断的形而上学において見られるものであるだろう。実際、独断的であるというのはつねに、あれやこれや特定の何か――イデア、純粋現実態、原子、分割しえない魂、調和した世界、完全なる神、無限の実体、世界精神、世界史、等々――が絶対的に存在するはずだ、それがそうであるように存在するはずだ、と主張することに帰着する。ところで、形而上学というものをこの種の言明、つまり、しかじかの存在者が絶対的に存在するはずであるという言明によって最小限に特徴づけるならば、形而上学は存在論的証明と共に極致に達するのだということが理解されるだろう。すなわち、しかじかのものは絶対的に存在せねばならない、だから存在するという言明である。存在論的証明は、それ自身の本質のみに依拠するという点で「卓越して」必然的な存在者を措定するものだ。神は完全であるという本質をもっているから、ゆえに神は必然的に存在しなければならない、というわけである。

しかしまた、この証明は本質的に、ライプニッツによって初めて定式化された原理の極致に結びついているが、それはすでにデカルトにおいても働いていたものだ[4]――すなわち、〔充足〕理由律〔*principe de raison*〕である。あらゆる事物、事実、出来事は、他でもなくそのようであるための必然的な理由をもつ、と言わんとする原理である。というのも、そうした原理は、世界のあらゆる事実に対する可能的な説明を要請するばかりでなく、思考が、存在者とそのかくのごとくある存在〔être-ainsi〕を無条件に全体として説明することを要請するからである。ゆえに、思考は、世界のしかじかの法則〔loi〕によって世界の諸事実を確かに理由づけられるわけだが、さらに思考は、理由律により、そうした諸法則のためにそうなっている存在について、つまり、世界それ自体のそのように存在するということについて理由づけなければならないのである。そしてもしそのような「世界の理由」が提供されるならば、さらに今度はその当の理由について理由づけねばならず、さらに以下同様、と続くことになる。思考は、もしそのように理由律に服することで無限退行に入るのを避けたいならば、あらゆる事物の理由たることができる

（4） Leibniz, *Les Principes de la philosophie, ou Monadologie*, André Robinet (éd.), PUF, 1954, article 32. p.89.〔ライプニッツ『モナドロジー』西谷裕作訳、『ライプニッツ著作集』第九巻、工作舎、一九八九年、第三二項。〕

ひとつの理由、またそれ自身の理由も含んでいるような理由へと到達せねばならない。そうした理由とは、他のいかなる理由によっても条件づけられていない理由である。それは、存在論的証明のみが明示できる理由である、なぜならば、存在論的証明は、あるXの存在を、そのXの規定のみによって――そのX以外の存在者の規定によってではなく――保証するからである。Xは存在しなければならない、なぜならXは完全だからであり、この資格においてXは自己原因［causa sui］と呼ばれなければならない、すなわち自己自身による唯一の原因である。

あらゆる独断的形而上学が〈少なくともひとつの存在者が絶対的に必然的である〉というテーゼ（実在的必然性のテーゼ）で特徴づけられるとすれば、おわかりのように、形而上学は、〈すべての存在者は絶対的に必然的である〉というテーゼにおいて極まるのだ（理由律）。逆に、独断的形而上学の棄却は、あらゆる実在的必然性の棄却を意味する。さらに言えばそれは、理由律の棄却であり、また存在論的証明――実在的必然性の体系の自己完結を可能にする要石――の棄却でもある。こうした棄却は、ある特定の存在者が無条件に存在しなければならないと示す正当な方法はない、という主張を強いる。ついでに言うならば、こうした独断論の棄却は、諸々のイデオロギー批判の最小限の条件である。すなわち、イデオロギーというものが、見かけで騙しているだけの表象なのではなく、事実として存在するものが、まったく必然的に存在するはずだということを確立せんとする、疑似‐合理性のあらゆる形であるならば、である。イデオロギー批判とは、要するにつねに、不可避なものとして提示される社会状況が、実は偶然的なものなのだと論証することである。これは本質的に、必然的存在を捏造するものとしての形而上学への批判に合致する。この意味において私たちは、現代における形而上学の失効を改めて疑おうとは思わない。先に見たような独断論――つまり、この神、次いでこの世界、次いでこの大文字の歴史、そして最終的に、現に事実として作動しているこの政治体制は必然的にこのように存在するべきものである、と主張するような独断論ないし絶対主義［*absolutisme*］は、そこに戻ることが不可能であり、また望ましくもない過去の時代に属するものであると、確かにそう思われるからである。

ゆえに、祖先以前性の問題を解くための全条件は、明確になると同時に著しく制限される。もし、祖先以前的な言明の意味を、しかし独断論に戻ることなくして保ちたいのならば、私たちは、絶対的に必然的な存在者にふたたび帰着することのない、絶対的必然性を発見せねばならないのである。言い換えるならば、私たちは、絶対的必然性であるような何かを一切考えずに、絶対的必然性を考えなければならないのだ。さしあたり今のところは、この言い方のパラドクス的な見かけをそのままにしておこう。今のところ、唯一納得しておかねばならないのは、私たちにはほとんど選択の余地がないということだ――すなわち、もし理由律および存在論的証明の無条件な妥当性を信じないのならば、そしてまた、もはや祖先以前的なものの相関的な諸解釈も信じないのであれば、私たちはまさしく先の言明――絶対的存在者なしでの絶対的なものに関する言明――のただなかに、解決の原理を求めなければならなくなるのである。

また、次のように定式化することもできる。一般に、絶対的なものにアクセスできると主張するあらゆる思考を思弁的［*spéculatif*］と呼ぶことにしよう。他方、何らかの絶対的存在者へのアクセス、あるいは、理由律を介しての絶対的なものへのアクセスを主張するあらゆる思考を、形而上学［*métaphysique*］と呼ぶことにする。あらゆる形而上学が定義において思弁的であるとしたら、私たちの問題は逆に、あらゆる思弁が形而上学であるわけではないということの立証である。つまり、あらゆる絶対的なものが独断的であるわけではないのだ。絶対主義的［*absolutiste*］ではないような絶対論的［*abso-*

lutoire］思考の検討が可能なのだ、と立証するのである。こうして発見されるのは、祖先以前性の問いが、「脱‐絶対論的な帰結 *implication désabsolutoire*」と呼びうる事柄への批判に本質的に結びついていることだ。すなわち、「脱‐絶対論的な帰結」とは、「形而上学が失効したのならば、絶対的なものも同じく失効したのだ」とすることである。独断的形而上学の終焉から絶対的なものの終焉を結論するというそうした推論への反駁こそが、原化石のパラドクスを解きほぐせるという期待を可能ならしめるのである。

＊＊＊

しかしその前に私たちは、相関主義の最も厳密な形を示しておかねばならない――それは、相関主義の最も現代的な形でもあると思われる。なぜなら、相関性の最も根本的なモデルに直面して初めて、脱‐絶対化［désabsolutisation］はあらゆる哲学にとって本当に越えられない地平線であるのかどうかを判定できるだろうからである。

私たちは前に、カントの超越論性は「弱い」相関主義として捉えられると述べたのだった。なぜか。それは、批判哲学は思考から絶対者への関係を完全に禁じているわけではないからである。批判哲学は、物自体の認識［connaissance］（すなわち、超感性的なものに対する悟性カテゴリーの適用）は完全に禁じるが、その一方で、即自的なもの［物自体］の思考可能性［pensabilité］は維持する。したがってカントによれば、私たちはアプリオリに、物自体が無矛盾であること、および、物自体が確かに存在すること、を知っている。これに対して、相関主義の強いモデルでは、即自的なものを認識できると主張するのが不当であるばかりでなく、即自的なものを少なくとも思考することならばできると主張することもまた不当なのである。こうした不当化の議論はひじょうに単純で、お馴染みのものだ——これまた相変わらず、相関的循環の問題である。というのも結局、カントの思考は、〈私たちにとって思考不可能なものはそれ自体において不可能である〉ということを保証するために、いかなる魔法めいた操作によって、自分自身の外へ出られるというのか。矛盾は思考不可能である、これは認めよう。しかしカントはいったいどうやって、矛盾を真にできる全能性をもつ神など存在しえない——たとえば、デカルトならばその神を是認できた[5]——と知ることができるのだろうか。私たちは物自体をまったく認識できないという主張を、カントは、物自体を無矛盾律——という形ばかりの原理——に服させながら行っている。しかし、神の力は論理的不整合にまでは到達できないと知ることができるほどに、深く即自的なもののなかへ踏み込めると思いなしているのは、うぬぼれであると思われる。とはいえ、強い相関主義は、そうした全能の神の存在を肯定するわけではない。そうした全能の神がありうるという可能性への反駁を失効させる、ということで満足するのである。

また、全能の神に関するこのような仮説の「ニヒリスト的な面」も、十分擁護できるものだろう。ここで問われるのは、カントの第二の絶対的命題を斥けることである——私たちの表象の外部に物自体があるという命題だ。では、いったい何の名において、現象の手前には何もないということにアプリオリに反駁できるのか。私たちの世界は無に囲まれており、あらゆるものは最終的にそこへ飲み込まれうるということにアプリオリに反駁できるのか。ひとは、現象は物自体になど支えられていないと主張する

(5)　Cf. lettre au P. Mesland du 2 mai 1644, AT, IV, p. 118.〔『デカルト全書簡集　第六巻（1643-1646）』倉田隆ほか訳、知泉書館、二〇一五年、一五〇－一五九頁。〕

だろう。すなわち、複数の「現象的領野」のみが存在する、つまり〔現象について〕同調する複数の超越論的主観のみが存在し、それらは絶対的無のなかで動き、あるいは「漂っている」のだが、もし人類が絶滅することになれば、あらゆるものはその絶対的無へと消えていく――と主張するだろう。こんな見方はナンセンスだ、こんなふうに「無」という語を使っても何も考えたことにならない、意味のない空疎な語にすぎない、と言われるだろうか。しかしこんな見方こそ、強い相関主義においては正当なのだ。なぜなら思考には、〈私たちにとっては不合理なことが、それ自体においては真である〉という可能性を斥ける手段がないからである。なぜ、意味を欠くものが、だからといって不可能だということになるのか。私たちの知る限り、即自的なものの探究に出かけて行って、意味の絶対性の保証をもち帰って来た者などいない。また、さらに言えば、「矛盾は可能である」とか「無は可能である」といった言明は、互いに区別できる別のものである以上、意味を欠くわけではない。たとえば、矛盾的であると思われる《救済の三位一体》を信じることで、同時に《無の脅威》を信じることにはならない、なぜならこれら二つの説から帰結される生の態度は違うものになりうるのだから。思考不可能なものは〔文法的な意味で〕活用変化する。信仰や神秘は、活用変化するのである。

脱‐絶対化のこうした強いモデルに私たちは、これから対峙しなければならない。これこそは〈思考がない状況で存在するものを思考する可能性〉を最も厳密に禁じるモデルだからだ。このモデルは、思考の二つの決定にもとづいていると思われる。第一の決定についてはすでに十分検討したが、第二の決定については、これからである。

第一の決定は、あらゆる相関主義に備わるものだ。それは、思考の内容と思考の行為〔acte〕は本質的に不可分だというテーゼである。すなわち、私たちは、それ自体で存在するものではなくて、思考に対して与えられたもの＝所与にしか関わることができない。

この決定はそれだけで、実在論的ないし唯物論的なタイプの絶対的なものを、いかなるものであれ失効させるに十分である。思弁的であろうとするあらゆる唯物論は、つまり、ある種の思考なき存在が絶対的実在であるとする唯物論は、同時に、思考は必然的ではない（何かが思考なしで存在しうる）、かつ、思考は思考がないときに存在するはずのものを思考できる、という二点を是認しなければならない。それゆえ唯物論は、思弁的な道に進むのならば、与えられた実在を、それを思考しているという事実を除外して思考しうると認めるのでなければならない。あらゆる唯物論のモデルであるエピクロス主義の場合もそうである。エピクロス主義では、思考は、空虚と原子の観念を介してあらゆる事物の絶対的本性へアクセスできるのであり、また、この本性は必ずしも思考の行為と相関していない。なぜなら、思考は原子の偶然的な複合で生じる（神々でさえも分解されうる）のであり、複合は元素的本性に対し非本質的であって、ゆえに、思考は偶然的にしか存在しないからだ[6]。ところが、相関主義的な見方では、現実から、それがつねにすでに何かの存在者に与えられているという事実を除外することは思考不可能だ、と強制される。つまり、〈……に対してつねにすでに与えられているもの〉しか思考できないのであり、この贈与の受け手でありうる存在者なしで世界を思考することはできないのであり、要するに、この世

（6）神々自身は（したがって、思考する存在者一般は）エピクロスにおいてたとえ不滅であると言われるにしても、権利上は破壊可能であると思考されなければならない——元素的な自然的存在者とは反対に——ということについては、Marcel Conche, *Épicure. Lettres et maximes*, Introduction, PUF, 1987, p. 44 *sq.*

界を一般的な意味で「思考」できる——つまり、世界を直観でき、それについて言うことができる——存在者なしで世界を思考することはできない。これが、相関主義の強いモデルにおける思考の第一の決定であり、これを「不可分なものの第一次性」あるいは「相関項の第一次性」と呼ぶことにしよう。

強いモデルにおける第二の決定については、検討にもっと手間がかかるだろう。というのも、強いモデルは、さらに第二のタイプの絶対者を拒否しなければならず、それは、先のものより外見上は強靭であると思われるからである。この第二の形而上学的な戦略は、すでに第一章において概説したもので、相関性それ自体を絶対化するという戦略である。議論の大きな流れは次のように要約できる。まず、カントにおける物自体の観念は、認識不可能であるばかりでなく思考不可能でもある、と主張された。しかしこの場合、最も賢い決定は、そうした即自の観念をすっかり除去してしまうことではないか。ならば、即自は思考不可能であり、そこにはいかなる真理もないのだから即自は除去してしまい、ただ主客の関係のみを、あるいは、もっと本質的と見なされる何らかの相関性のみを残す、という主張がなされるだろう。そうしたタイプの形而上学はさまざまな主観性の審級を選ぶだろうが、それはつねに、知的、意識的、あるいは生命的な項を実体化することを特徴とするだろう。たとえば、ライプニッツにおけるモナドの表象作用。また、主客相関の客体的な対、つまりシェリングにおける自然。ヘーゲルにおける《精神》。ショーペンハウアーにおける《意志》。ニーチェにおける力への意志（あるいは、諸々の意志）。ベルクソンにおける記憶を充塡された知覚。ドゥルーズにおける《生》、等々である。《相関項》の生気論的な実体化（ニーチェ、ドゥルーズ）が「主体」批判や「形而上学」批判としてなされる場合であっても、そうした生気論は、素朴実在論および超越論的観念論の一種と混同されないようにする以下の二つの決定を、思弁的観念論と共有しているのである。

1　何らかのタイプの〈世界-への-関係〉でないものは、何も存在しえない（したがって、知性も意志も生命もないエピクロスの原子は、不可能である）。

2　1の命題は絶対的な意味で理解されなければならない。1で言われる不可能性は、私たちの認識に関連させて理解されてはならない。

現代では、不可分なものの第一次性はきわめて強力になり、思弁的唯物論でさえもがそうした生や意志の非合理主義的な教説に支配されているようである——これは、無機的なものにおいては生命も意志もないという可能性を真剣に考える「物質の唯物論」を犠牲にすることだ。《生》の形而上学と《精神》の形而上学の対立は、ゆえに、超越論的なものから継承された根底的な合意の上に被さっていることになる——すなわち、まったくの無-主観的なものは存在しえない、という合意である。

このモデルの分析を続けよう。強い相関主義は、実在論者という「外的な」敵から容易に身を引き離せるとしても、他方で「主観主義的 subjectiviste」形而上学という「内的な」敵を斥けることは、より難しいのだ。強い相関主義では、思考はその外部には根本的にアクセス不可能である、と主張したのだから、まさにそうである以上、私たちの表象の外部に何かが存在すると認めることなど、どうしてできるというのか。ここに強いモデルの第二の決定が介入する——それは、もはや相関項ではなく、相関項の事実性［*facticité*］に関わるものだ。カントに戻ろう。何がカントのプロジェクト——超越論的観念論——をヘーゲルのプロジェクト——思弁的観念論——から根底的に区別しているのか。最も決定的な違いは次のように言えるだろう。カントの主張では、私たちは認識のアプリオリな諸形式（感性の時間・空間形式、悟性の一二のカテゴリー）を記述できるだけである。が、他方でヘーゲルの主張では、認識のアプリオリな諸形式は演繹できる。したがってカントは、ヘーゲルとは反対に、思考の諸形式を何らかの原理やシステム――思考の諸形式に絶対的必然性を与えるものとしての――から派生させることはできないと考えるのである。思考の諸形式は、（発生論という意味での）演繹の対象にはなりえず、ただ、記述の対象にしかなりえない「第一の事実」なのだ。そして、即自的なものの領野が現象から区別されうる理由は、まさしく諸形式のこの事実性、たんなる記述可能性、これである。もし、思考の諸形式がヘーゲルの場合のように演繹可能だとするならば、それらは無条件に必然的であるとわかるわけで、それらと違う即自的なものが存在するという可能性は抹消されることになる。

強い相関主義は、絶対的観念論と同じく、あるひとつのテーゼ、すなわち、即自的なものの思考不可能性というテーゼから出発している――そこからは、対立する二つの帰結が導かれる。すなわち、絶対者の思考可能性／思考不可能性である。しかし、相関性の諸形式のどうにもならない事実性は、後者のほう、絶対者の思考不可能性を選ばせる。〔強い相関主義では、〕それら諸形式の絶対的必然性の証明可能性を拒む以上、私たちへの所与と本質的に異なる即自的なものがあるという可能性を排除することはできない。カント主義と同様に、強い相関主義は、諸形式の事実性を主張するが、それは、そのような事実性を論理形式にも賦与する、つまり、無矛盾律もまた事実的であると主張する点で、カント主義とは異なるのである。なぜなら、感性と悟性のアプリオリな諸形式を記述することしかできないのと同じく、私たちは、あらゆる思考可能な命題に内在する論理原則についても、記述することだけができるのであり、その絶対的真理性の演繹はできないからである。ゆえに、矛盾は絶対的に不可能だと知っているという主張は無意味なのである。私たちに与えられた唯一の事柄は、私たちは矛盾したことは決して思考できないという事実、これのみである。

こうした事実性の役割は、脱‐絶対化の過程において相関項の役割と同じく本質的であると思われるので、その本性をさらに把握していこう。まず、私たちのモデルの視野にとっては、この事実性を、世界の事物のたんなる消滅可能性［périssabilité］から区別することが本質的に重要である。実際、諸形式の事実性は、物質的対象の破壊可能性や生命の衰微とはまったく関係がない。私が、しかじかの存在者や出来事が偶然的であると主張するとき、私は、実際の知によって主張している。私はこの家が壊れうることを知っている、また、この人が別様に動くのは身体構造的に不可能だろうと知っている、などである。偶然性［*contingence*］によって示されるのは、自然法則は何に対しても無差別に、出来事の起こる／起こらないを、存在者の生じる、存続する、消滅するを決めるということである。しかし、事実性のほうは、世界の構造を成すと想定される不変項に関わっている。そうした不変項は、何らかの相関主義と別の相関主義では違うものでありうるが、何にせよその役割は、表象を最小限に秩序づけること、すなわち、因果性の原理、知覚の諸形式、論理法則、等々である。これらの構造は固定されているものだ。私はこれらの変異を経験することは決してないし、論理法則の場合で言えば、その変更は想像することすらできない（たとえば、それ自身に矛盾した存在者や、それ自身に同一でない存在者を想像することはできない）。これらの諸形式は固定されてはいても、しかし事実なのであって、絶対的なものなのではなく、ゆえに私はその必然性を基礎づけることはできない。これらの事実性は、基礎づけ的ではなく記述的な言説の対象にしかなりえないという点で、明白である。しかしそれは、たんなる経験的な事実――それが別様になることを経験できる事実――とは対照的に、私にいかなる実際の知ももたらしてはくれない。というのは、一方で偶然性とは、世界の事物が〈別様である可能性〉の知であるとすれば、事実性というのは、相関的構造が〈このようでなければならないこと〉に関する無知でしかないからである。

この点を、以後、念頭に置いておく必要がある――相関主義者は、諸形式の事実性を主張する一方で、それら諸形式が実際に変化しうるとは主張しないのだ。相関主義者が主張するのは、ただひたすら、なぜ諸形式の変化が不可能なのかは思考できないということ、そして、なぜ私たちに与えられた現実とまったく他なる現実がアプリオリに排除されているのかは思考できないということ、である。ゆえに次の区別をしなければならない。

1　世界内的な偶然性。すなわち、世界のなかで存在しうる／存在しないことがありうるすべてのもの、世界のなかで生じうる／生じないことがありうるすべてのものについて言われる偶然性であり、これは、私への世界の贈与を媒介する言語や表象の不変項には関わらない。

2　そうした不変項それ自体の事実性。これは、私がそうした不変項の必然性または偶然性を確立できないという本質的な不能性に帰着する。

事実性として私が経験するのは、対象的な現実の経験ではなくて、世界があるという事実に面しての、言葉にでき知覚できる――既定の不変項によって構造化された――世界に面しての、対象性の越えられない限界の経験である。それは、世界の論理性があるという事実そのもの、あるいは表象に世界が与えられているという事実そのものであり、それは、論理的・表象的な理性の構造から逃れているのだ。即自的なものがあるとは主張できないのだから、即自的なものはいまや不透明になり、その項は、ただ事実性のみの前景化によって消滅するに至るのである。

かくして事実性は、私たちに、世界の《全き他者 Tout-Autre》の「可能性」を把握させるのだが、それはこの世界のただなかにおいてなのである。しかしここでの「可能性」という言葉には括弧で留保をつけるのがよい、というのは、事実性において問題になるのは、《全き他者》の実際の可能性を知っていることではなく、その不可能性を確立できないという私たちの不能性であるからだ。この可能性はそれ自体、仮説的なものであり、それが意味するのは、即自的なものにコミットするあらゆる仮説は何であれ、私たちにとって依然として合法だ、ということである——つまり、即自的なものは存在するとか、必然的だとか、存在しないとか、偶然的だとか、さまざまに言えるのである。こういう「可能性」は、《全き他者》に関して確実な知ではまったくない。あるいは、《全き他者》があるかもしれない、ありうるだろうという確実な知でさえもない。それはたんに、私たちの本質的な有限性［*finitude*］を、また、世界それ自体の本質的な有限性（たとえそれが物理的には無限定であっても）を印しているのである。事実性は、知と世界を基礎づけの不在によって限取っている。基礎づけの不在、その裏面は、何であれ絶対的に不可能であるとは言えない、思考不可能であるとさえ言えないということだ。言い換えれば、事実性は、理由律への批判を極点に高めるのであり、それは、存在論的証明の不当性を言うのみならず、無矛盾律さえも理由なしと見るのである——無矛盾律は、私たちによって思考可能なものの規範であるにすぎず、絶対的な意味において可能なことすべての規範であるのではない、と。事実性とは、所与の、またその不変項の「非理由 irraison」（理由の不在）なのである。

したがって、強いモデルは次のテーゼに要約される——思考不可能なものが不可能であるということは、思考不可能である。私は、矛盾した実在についても、すべてが無であるということについても、合理的にその不可能性を基礎づけることはできない、たとえ私が「矛盾」や「無」によって何も規定されたことを理解できないにしても。ゆえに、事実性からは、ひとつの明確で注目すべき結果が出てくる。

すなわち、絶対者についての合理的でない言説を、その非合理性を理由として失効させることは、合理的に不当であるという結果である。実に、相関主義の強いモデルの視野で言えば、宗教的信仰は、十分正当に、世界は愛のわざによって無から作られた、であるとか、神は全能なので〈神と息子との全き同一性〉と〈神と息子との差異〉の明らかな矛盾を真にできる、といった主張をなすことが可能なのである。こうした言説は、論理的ないし科学的には意味を欠くにしても、ある意味を——神話的、神秘的な意味を——有している。強いモデルの最も一般的なテーゼは、だから、合理的な意味に通約できないような意味の領域に関わっている。なぜならそれは、世界の諸事実にではなく、世界が存在するということに関わっているからだ。けれども、相関主義はそれ自体では、合理性なき、宗教的ないし詩的であるようないかなる主張もしていない。というのは、それは、絶対者についていかなる定立的な言説も発しないからで、思考の限界を思考することで満足しているからである。この思考の限界は、言語にとっては、その片側しか把握できない境界面のようなものだ。相関主義が何らかの特定の宗教的信念を設立することはないのだが、しかしそれは、宗教的信念の内容が思考不可能であるからという理由でそれを不当化せんとする理性のあらゆる要求を、決定的に掘り崩してしまうのである。

このように理解される強いモデルは、私たちには、ウィトゲンシュタインとハイデガーによって代表されるように思われる——分析哲学と現象学という、二〇世紀における哲学の二大潮流の偉大な代表者である。『論理哲学論考』によれば、世界の論理形式は、世界の一事実のようには言えないのであり、それはただ「示される」のであった。つまり、世界の論理形式は、科学のカテゴリーからも論理学のカテゴリーからも逃れる言説の領域によって指示される。これは、世界が言明可能なものである〈論理学の統辞法によって命題化できる〉という事実それ自体は、論理学の言説から逃れているということだ。このことから、命題六・五二二が出てくる――「だがもちろん言い表しえぬものは存在する。それは示される。それは神秘である」(7)。しかしながら、この神秘とは、世界の外部の知ではないのだ。それが示しているのは、世界が存在するということを科学が思考することの不可能性なのである。命題六・四四――「神秘とは、世界がいかにあるかではなく、世界があるということである」(8)。同様に、すでに触れておいたが、ハイデガーもまた、存在者が存在するという事実それ自体、存在者の贈与を、表象における本質的な裂け目として指摘していた。「あらゆる存在者のうちで、ただ人間のみが、《存在》の声に呼びかけられて、あらゆる驚異中のこの驚異を経験する。この驚異は存在者が存在するということである」(9)。存在者が存在するということ、あるいは、論理的な世界が存在するということは、どちらの場合であれ、論理学の至上権からも形而上学的合理性からも逃れており、それは、この「存在する」の事実性のため

---

(7) Wittgenstein, *Tractatus logico-philosophicus*, Gallimard, 1993, trad. Gilles-Gaston Granger, p. 112.〔ウィトゲンシュタイン『論理哲学論考』野矢茂樹訳、岩波文庫、二〇〇三年、一四八頁。〕

(8) *Ibid.*, p. 111.〔同前、一四七頁。〕この点については次も参照。Wittgenstein, « Conférence sur l'éthique », in *Leçons et Conversations*, Gallimard, 1971, p. 149-155.〔ウィトゲンシュタイン「倫理学講話」杖下隆英訳、『ウィトゲンシュタイン全集』第五巻、大修館書店、一九七六年、三八一‐三九四頁。〕また、Wittgenstein, *Carnet, 1914-1916*, Gallimard, 1971, p. 179, 20.10.16.「(…)奇跡というのは、美的に言って世界があるということだ。あるものがあるということだ」。〔ウィトゲンシュタイン「草稿 一九一四‐一九一六」奥雅博訳、『ウィトゲンシュタイン全集』第一巻、大修館書店、一九七五年、二七九頁。〕

(9) Heidegger, « Qu'est-ce que la métaphysique? », *Questions I et II*, Gallimard, 1968, trad. Roger Munier, p. 78.〔ハイデガー(当該文献ではハイデッガー)『形而上学とは何か』(ハイデッガー選集・第一巻)大江清志郎訳、理想社、一九八五年、七三頁。〕

なのだ。この事実性は、確かに思考可能ではあるが——なぜならそれは、超越的な啓示ではなくて、たんにこの世界の「内的な縁」の把握なのだから——、しかしそれは、存在するものの絶対的な基礎にはアクセスできないという私たちの本質的な不能性において、ひとえにその不能性においてのみ思考可能な事実性である。私は、思考不可能なものは思考できない、しかし私は、思考不可能なものが存在することは不可能ではない、とは思考できるのである。

要約すればこうなる。相関主義の弱いモデルでは、無条件的必然性のあらゆる証明を認めないことによって、理由律の脱‐絶対化を主張していた。相関主義の強いモデルでは、理由律をいっそう強く認めない態度として、無矛盾律の脱‐絶対化までを行うのであり、あらゆる表象を相関的循環の限界に従属させるのである。(10) こうして私たちは、現代において絶対者を手放すことの正当化に内在する二つの操作を明らかにした——まず、あらゆる「素朴実在論」に対抗する相関項の第一次性、そしてこれだけでなく、あらゆる「思弁的観念論」に対抗する相関項の事実性、この二つである。(11)

さて、強い相関主義の二つの主なタイプは、次の問いをめぐって構成され、対立していると考えられる——すなわち、思考の脱‐絶対化は、同時に、思考の脱‐普遍化を含意するかどうかという問いである。この問いに否定で答える哲学者は批判哲学の系譜のなかに位置づけられ、まさしくカントに倣って、世界に対する私たちの関係の普遍的条件を確立しようと試みる。そうした諸条件は、経験科学の条件として提示されたり、個人間の言語コミュニケーションや、存在者の知覚可能性などの条件として提示される。しかしながら、「強い」相関主義は、批判哲学の精神に忠実であろうとするにせよ、無矛盾律の普遍性については、無矛盾律のその想定される絶対性によって、普遍性を正当化してしまうわけにはいかない。強い相関主義では、無矛盾律を物自体の性質にするのではなく、たとえば、所与の言明可能性の普遍的条件や、間主観的コミュニケーションの条件にするだろう――つまり、可能的なものの規範としてではなく、思考可能なものの規範として扱うだろう。[12] これに対して、あらゆる普遍的なものは古い形而上学から残された神秘的なまやかしにすぎないと主張するような哲学者――「根本的な有限性」や「ポストモダニティ」の支持者のような――は、世界に対する私たちの関係の事実性は、それ自体有限な状況――権利上、変更可能な状況――に即して思考されるべきだ、と主張するだろう。そうした有限な状況から抜け出して、あらゆる人、時代、場所に妥当する言明へと到達可能だと思うのは幻想である、というわけだ。私たちの「世界」を規定している諸々の相関は、ゆえに、存在の歴史において規定された何らかの時代に属する状況と同一視される。また、何らかの言語ゲームを備えた生の形式や、特定の

---

(10) こうした理由律と無矛盾律の二重の脱‐絶対化については、さらに次を参照。ウィトゲンシュタイン『論理哲学論考』三・〇三一、Heidegger, *Le Principe de raison*, Gallimard, 1962〔ハイデガー（当該文献ではハイデッガー）『根據律』辻村公一、ハルトムート・ブフナー訳、創文社、一九六二年〕et « Principes de la pensée », in *Martin Heidegger*, Cahiers de l'Herne, Livre de poche, 1983, p. 97–112.

(11) 私が「素朴」実在論と「思弁的」観念論について語るのは、相関主義のただなかにおいて絶対的なものの実在論的な様態は、不可避にその観念論的な様態よりも劣った地位にあるという事実を強調するためである。というのは、前者は相関主義のあらゆる形と絶縁するものだが、後者は相関主義のなかにおいても、それを絶対化するというやり方で認められるからである。

(12) 批判哲学の視野における、無矛盾律のこのような置き換えの例としては、次のとりわけ緻密な議論を参照。Francis Wolff, *Dire le monde*, 1. De la contradiction. Les trois langage-monde, op. cit., p. 21–69.

文化的で解釈的な共同性などと同一視されるのである。

以上の両陣営に対して唯一残されている問いは、次のものである——世界への関係についての私たちの知に課せられたこうした制限は、その関係の本性について述べる普遍的言説をなす可能性までもを失効させるに至るのかどうか。どちらの陣営も、無条件的必然性はもはや支持できないという点では一致しているので、いまや唯一の問いは、相関についての条件づけられた必然性の資格に関わるものである、つまり、所与および言語の〈可能性の条件〉の資格である。〈もし存在者がしかじかであるならば、それは絶対的に存在するはずである〉という形而上学的な言明は、〈もし存在者がしかじかのものとして（知覚可能、言明可能などのしかたで）直接に与えられるならば、その存在者は、しかじかである（概略的に与えられている、無矛盾である、など）ということを、より一般的に——より深く、より根源的に——条件づけられている〉という形而上学以後的な言明に席を譲るのだ。もはや〈Xはしかじかであり、ゆえにそれは存在するはずである〉ではなくて、〈もし、事実においてXがしかじかのものとして与えられるならば、Xはそのようにしかじかであることを条件づけられている〉のである。議論はこうした条件の規定をめぐってなされる。すなわち、所与と言語とを可能にする普遍的条件は存在するのか／しないのか、という議論である。

強い相関主義は、必ずしも支持者によって明瞭にそれとして主題化されているわけではない。しかしながら、現代において強い相関主義は優勢であり、このことは、さまざまな宗教的信念が今日では、概念的な制約に対して免責特権＝免疫を享受しているように思われる、ということに比肩しうる様子なのだ。今日、キリスト教の三位一体説の矛盾を曝いたからといって、それで論破できたことになると思う哲学者がいるだろうか。レヴィナスの《全き他者》の思想を、論理学で扱えないから馬鹿げていると言うような哲学者は、レヴィナスによる言説の高度な整合性に身を合わせられない、時代後れの素人思想家と見なされるしかないだろう。さて、こうした態度がどういう意味をもつのかをよく理解せねばならない。現代の多くの哲学者は、宗教的信念は反駁しようがないものと考えている。なぜなら、信仰は定義上そうした反駁に関わりがないからというだけではなく、そうした反駁の企ては概念的に不当と思われるからである。かつてならば、三位一体説を信じるカント主義者は、その無矛盾を証明しなければならなかっただろう。だが、強い相関主義者ならば、理性はみずからの手段でこのドグマが真か偽かを議論する権利をもたない、ということを証明するだけでいいのである。ところで、強調すべきだが、現代人とかつてのカント主義者のこの「隔たり」——現代においてカント主義の遺産に忠実であり続けようとする者であっても、これは認めるだろう——は決して些細なことではない。実際、この隔たりは、思考を私たちがどう捉えるかの、カントから現代への大きな変化を前提にしている。すなわち、この隔たり——物自体の認識不可能性から思考不可能性へ——が前提にしているのは、存在が思考にとってかくも不透明化したがゆえに、存在はロゴスの最も基本的な原理さえ侵犯できると考えられるようになったという事実、このことを思考はそれ自身の発展によって正当化する段階に達した、という次第なのである。「存在と思考は同じである」というパルメニデスの公準は、カントまでも含めてあらゆる哲学の大前提であったが、強い相関主義の公準はそれとは反対に、「存在と思考は、まったく他なるものでありうると考えられなければならない」である。繰り返しになるが、相関主義は、存在と思考の通約不可能性を明示できる——たとえば、いかなる概念化にも通約不可能な神が実際に存在すると示せる、等々——と自負しているのではない。なぜならそういうことは、断固として禁じたはずの即自的なものの知を前提にしていることだからである。しかし、相関主義は少なくとも、存在-思考の根本的な相関の事実性は言えると自負している。存在-思考の相関はまったく根本的であり、それゆえに相関主義は、思考によって捉えられるものとの共通軸なしに即自的なものが存在する可能性を禁じる権利を、自分はもっていないと考えるのである。相関性の根本化と共に出来するのは、いわば、存在と思考の可能なる全き他者化［*tot-altérisation possible*］である。いまや、思考不可能なものは私たちに対し、他なる思考はできないという私たちの不能性のみを突きつけるのであり、思考不可能なそれが他なるしかたで存在することの絶対的な不可能性を突きつけるのではないのだ。

こうした発展の帰結は、絶対者を思考することの権利主張の消滅であるが、しかし絶対者の消滅なのではない、ということが理解されよう。というのも、相関的理性は、どうにもならない限界の引き受けを自覚しながら、絶対者へのアクセスを権利主張するあらゆる言説を、それらの言説においては何も、それらの妥当性の合理的な正当化には似ていない、という唯一の条件下においてむしろ進んで正当化したのである。絶対者の価値を破棄するどころではない。今日、進んで「絶対者の終焉」と言われている事態は、正反対に、絶対者に対して驚くべきライセンスを賦与することに他ならないのだ。絶対者に関し、もはや哲学者たちは唯一の要求しかしていないように思われる――すなわち、いかなる絶対者であれ、そこに合理性を標榜できるものは何も残っていないのだ、と。したがって、「思考の脱-絶対化」と見なされる形而上学の終焉は、絶対者への任意の宗教的（あるいは「詩的-宗教的」）信念を理性によって正当化することに存する、なぜなら宗教的信念はそれみずからに立脚するしかないのだから。言い換えるなら、こうなる――形而上学の終焉は、絶対者への権利要求の合理性を放棄した結果として、宗教的なものの激しい回帰という形をとることになった。あるいはまた、こうだ――イデオロギーの終焉は、全面的な宗教性の勝利という形をとることになった。むろん、現代における宗教性の揺り戻しには歴史的な原因がさまざまにあるのだから、それをたんに哲学の変質に帰するというのは素朴であるだろう。しかし、相関主義に制圧されているがために、絶対者に関わる非合理的なものを批判する権利を思考が手放してしまったという事実は、この現象の射程を考えるに、過小評価されるべきではない。

ところで、この「宗教の回帰」は今日でもひじょうにしばしば理解されていないままなのだが、それは歴史にひとつの強力な傾きがあるからで、私たちはそこから今度こそ脱出しなければならない。この傾き、この概念的な混同は、次のことである――多くの者が今もなお、あらゆる形而上学批判は「当然ながら＝自然に」宗教批判と共に進むのだろうと信じていることである。しかし、こうした「諸批判の協働」は、実際には、形而上学と宗教のつながりの、ひじょうに特別な状態に属しているのだ。「形而上学的‐宗教的」な絶対者に対して批判を向けるとき、ひとは存在‐神‐論への批判を思い浮かべており、これは同時に、ユダヤ‐キリスト教神学の次のような要求への批判につながる――すなわち、ユダヤ‐キリスト教神学が、唯一神への信仰を、あらゆる事物の第一原因である《至高の存在者》という観念に支えられた、合理的と想定される真理にもとづかせようとすること、これに対する批判である。けれども指摘しなければならないが、こういうケースは奇妙なことに、実のところ自明ではない、あるいは、もはや自明ではないのである。どういうことか。絶対者を思考するという形而上学の要求に対して批判を向けるとき、私たちは、他の宗教を押しのけてみずからの信仰内容を優越させるために「自然な理性」への依拠を主張する、そういう特定のひとつの宗教を弱らせることになろう（実際にそうだった）。あらゆる形での《至高の存在者》の存在証明を破壊すれば、たとえば、特定の一神教が他のあらゆる多神教に対して誇っている合理性の支えを取り消すことになる。つまり、形而上学の破壊は、特定の宗教が擬似合理的な議論を使って他の宗教に対抗する可能性を破壊することにもなる。しかし、そうすることで同時に、これこそ決定的な点なのだが、何であれ一般的に信仰こそ絶対者にアクセスできる唯一の道だ、という権利要求を正当化することになる。ひとたび絶対者が思考不可能になったならば、無神論でさえもが、神の非存在をそれはそれでひとつの絶対的な事柄と見ている点で、これまた信仰のたんなる一形態でしかなくなる。つまりは、無神論も宗教の一種——ニヒリストではあるにせよ——になる。各人が自分の信仰を対立させ合うしかないのだ、私たちの根底的な選択について証明可能な事柄はもはや何ひとつとしてないのだから。言い換えるならば、思考の脱‐絶対化によって信仰主義［fidéiste］の議論が生じるのである。しかし、これは「本質的」な信仰主義であり、たんに「歴史的」なそれではない。つまり、思考によってなされる宗教的なもの一般への支持であり、特定の宗教への支持ではない（後者の場合は一六世紀のカトリックの信仰主義がそうだった、あるいは、少なくともそうであろうとするものだった）。

信仰主義はつねに、信仰の価値を補強しうる（ましてや、毀損もしうる）何らかの絶対的真理に形而上学が、いやもっと一般的には理性がアクセスできる、という権利要求に対する懐疑論的議論である。ところが、ここで私たちは確信しているが、現代における形而上学の終焉は、そうした信仰主義、実に古いものであるそれ（対抗宗教改革に端を発し、モンテーニュがその「創始者」である）の、形而上学に対する勝利なのである。信仰主義のなかに、反形而上学の懐疑論が、それが本質的に非宗教的であると明らかになる前に、初めのうちに掲げていた見かけだけの形を認めるのではなく——あまりにしばしばそうした捉え方がされているが——、私たちはむしろ、懐疑論のなかにこそ真正な信仰主義を見いだすのであり、これこそ今日を支配する信仰主義、しかし「本質的」な形になったものであり、つまりそれは何であれ特定の宗教への従属から解放された信仰主義なのである。歴史における信仰主義は、非宗教性が初めのうちに被っていた「仮面」なのではない。むしろ、宗教性それ自体が、特定の護教論（特定の宗教や崇拝を他のものより選好すること）という「仮面」を被っていて、後にそれが、思考より信心を優位にするという一般的議論になったのだ[13]。現代における形而上学の終焉は、懐疑論的でありながらの、形而上学の宗教的な終焉でしかありえない。

したがって、形而上学的絶対者に対する懐疑論は、権利上は、絶対性への信仰の形を何であれ正当化するものなのである。最善でも最悪でも、任意の信仰を。キリスト教神学の形而上学的合理化の破壊は、思考全般が宗教的になるという事態を引き起こした――すなわち、任意の信仰の信仰主義である。このように思考が宗教的になること――根本的に懐疑論的な議論によって逆説的にもたらされる――を、私たちは、理性の宗教化［*enreligement*］と呼ぶことにしたい。この語は合理化［rationalisation］の反対語であり、これは、ギリシア哲学の影響下で進行したユダヤ‐キリスト教の合理化の正反対にあたる思考の動きを指している。今日、哲学はあたかも、外的信仰の圧力の下でではなく、神学の婢としてではなく、自律的に思考しているかのようであるが、しかしいまや哲学は、任意の神学および無神学のリベラルな婢であろうとしている。絶対者は、形而上学の領野から離れた結果、無数の破片に砕け散って、知の観点から何でも正当化されうるさまざまな信仰になってしまったように思われる。そしてこのことは、

（13）近代的懐疑論と信仰主義の根源的な――また私たちの考えでは、ずっと続く――つながりについては、次の古典的研究を参照。Richard H. Popkin, *Histoire du scepticisme d'Érasme à Spinoza*, PUF, 1995. また、次も貴重な著作である。Frédéric Brahami, *Le Travail du scepticisme. Montaigne, Bayle, Hume*, PUF, 2001.

ただ信仰のみであろうとするという唯一の事実に拠っているのだ。ここから、不信仰の重大な変化が生じる、すなわち、その議論の性質が変わる。私たちは、懐疑論を競り上げることで、形而上学の権利要求への批判を競り上げることで、信仰告白の真理性に十全なる正当化を行ったのだった。これは、その信仰内容がどれほど過激であろうとお構いなしなのである。啓蒙主義者が狂信と呼んだものとの闘いは、ゆえに全般的に道徳化の問題になる――すなわち、狂信に対して弾劾されるのは、決してその内容の虚偽性ではなく、それを実践した結果（倫理‐政治的な）である。この点において現代の哲学者は完全に信仰者に屈していることになる。なぜなら、思考は信仰者を補佐し、信仰者の第一の決定を進んで支えているからである――つまり、もし究極の真理があるとすればそれは、思考の対象ではなく希望されるものとしての信心の真理のみだ、という決定である。現代における蒙昧主義に対してたんに道徳的な批判を向けても無力である。というのも、何も絶対的なものを思考しえないのだとすれば、〈なぜ少数の選ばれた者だけにアクセスできる超越性でもって最悪の暴力を正当化することができないのか〉という問いについても、何もわからないと言わざるをえないからである。

注意しよう、先述の宗教化は、信仰の営みそれ自体は指していない。信仰の営みはそれとして、当然ではあるが、高い価値をもちうる。宗教化という言い方で指しているのは、現代における思考から信心への接合の様態であり、信心に対する思考のほうの動きである――つまり、信心に対する思考の非‐形而上学的な従属である。もっと正確に言えば、ある特殊な形での形而上学の破壊を経た上での、信心に対する思考の従属なのである。こうしたことが、脱‐絶対化の意味なのだ。思考は、もはや特定の信仰内容の真理性をアプリオリに証明することはない。思考はいまや、究極の真理をつかむ特権を、任意のどんな信仰にも等しく認める。西洋現代に思考の全般的な世俗化を見るという通例の判断からはほど遠く、私たちは、西洋現代の驚くべき特徴は次のことに存すると考えるのである――すなわち、現代人は、脱-キリスト教化されるほどに、宗教化されたのだ、という特徴である。現代人は、キリスト教から他の信仰に対する優越性のイデオロギー的（また形而上学的）主張をすっかり奪い去ったけれども、そうすることでみずからの体と魂を、あらゆる信仰の平等な真理性へと譲り渡すことになった。

したがって、現代における形而上学の終結は、私たちには、形而上学の「懐疑論-信仰主義的」な終結であるように思われる。それは、いわゆる「全き他者」の思想によって支配されている。「全き他者」の思想を代表する名は、ウィトゲンシュタインとハイデガーである。なぜなら、彼らは、この点においては過去から根本的には切断されておらず、歴史に刻まれた信仰主義の系譜――先に述べたようにモンテーニュによって創始され、後にはとくにガッサンディとベイルによって引き継がれた――に位置するからである。歴史的な信仰主義の反形而上学性はつねに、理性の不法侵入から信心を護ることであった。このことのポテンシャルが、ウィトゲンシュタインとハイデガーにおいて極点に達した。『論理哲学論考』における「神秘」や、ハイデガーがいつか書こうとしていたという神学――まったく哲学的なものを含まない、「存在」の語さえ含まないような[14]――は、絶対性への切望の表現であり、その絶対性は形而上学の管轄ではないから、一般的に、注意深く別の名を与えられるべきものなのだ。内容なしになった

（14） Heidegger, « Séminaire de Zürich », in *Po&sie 13*, Paris, 1980, trad. F. Fédier et D. Saatdjian, p. 60-61. 神の問いを前にしての現代の思考に強いられる沈黙をめぐるウィトゲンシュタインとハイデガーの並行性については、Jean-Luc Marion, *Dieu sans l'être*, PUF, 1991, La croisée de l'Être, p. 81-155.〔ジャン゠リュック・マリオン『存在なき神』永井晋・中島盛夫訳、法政大学出版局、二〇一〇年、七五-一四八頁。〕この著作では、チューリヒ・セミナーのドイツ語原文が掲載され、議論されている、*ibid.*, n. 15, p. 93.〔同前、二八九頁。〕

信心、それは、いまやそれだけのために思考によって言祝がれる信心であり、思考が信心の内容を埋めるために介入することはもはやないのである。というのも、信仰主義の絶頂とは、特定の信仰内容の特権化なしに、思考に対する信心の優位性を思考することだからであり、思考によって確立されるべきは、信心の内容は信心のみによって措定されるということだからだ。したがって現代における《全き他者》（信仰告白の空虚な対象）への服属は、理由律の失効に関する解釈――すなわち、絶対者を発見できないという理由律の本質的な不能性が明らかになったこと――の、不可避で厳密な裏面なのだ。信仰主義とは、強い相関主義の別名である。[15]

＊　＊　＊

私たちは次のパラドクスの意味を明確にしようとしている――思考が独断論に対して武装すればするほど、かえって思想は狂信に対して弱腰になるというパラドクスである。懐疑論‐信仰主義は、形而上学的独断論を退却させたけれども、その一方で、宗教的蒙昧主義を再強化してやまない。むろん、あらゆる形而上学者をイデオロギー的独断論であるとして非難するのがおかしいのと同じく、あらゆる相関主義者を宗教的狂信であるとして非難するのはおかしい。しかし、私たちは、形而上学の根底的決定がどういう点でつねにイデオロギー（そうであるものは、そうであるべきなのだ、ということ）のなかに――カリカチュアの形ではあれ――再発見されるか、蒙昧主義的信仰の根底的決定がどういう点で強い相関主義の決定（《全き他者》がありうるということ）によって支持されうるかを、いまやよく理解している段階にある。現代における狂信は、たんに、西洋的批判理性の成果に暴力的に対立する、古めかしい運動の復活と見なされるわけにはいかないのである。なぜならそれは、正反対に、批判理性そのものの結果＝効果なのだからだ。そして同時に――この点を強調しよう――、この合理性は実際、解放的であったし、また、首尾よく独断論を破壊したのだった。相関主義の批判的威力があってこそ、哲学において独断論は確かに打ち倒されたのだが、同時にそれを原因として、哲学は本質的に狂信からみずからを区別することができなくなったのである。イデオロギー批判の勝利は、新たな盲目的信仰の議論へと変容してしまったのだ。

こうして私たちは、脱‐絶対論的な帰結（つまり、形而上学が失効したのだとすれば、あらゆる絶対者の形もまたそうなのだ、ということ）に対する批判の賭けどころは、祖先以前的言明の正当化の問題を超えるものである、とわかってきた。喫緊の課題と思われるのは、「批判的意味の諸前提」と呼びうるものの再検討である。つまり、批判の力能は、必ずしもつねに絶対的真理の妥当性を掘り崩す者たちの側にあるわけではなく、むしろ、イデオロギー的独断論と懐疑的狂信とを同時に批判するに至る者たちの側にもあるということだ。独断論に対しては、あらゆる形而上学的絶対者の拒否を続けなければならない。しかし他方で、さまざまな狂信の増大する暴力に対しては、思考のうちにささやかなる絶対的なものを再発見することが重要なのである――ともかくも、何らかの啓示のみによって絶対的なものを排他的に保有しうると自認する者たちの権利要求に対抗するのに十分なくらいの、ささやかなる絶対的なものを、

（15）私たちはここでは、現代の思考の構成における信仰主義の支配的な役割についてひじょうに暗示的にしか言えない。この点については、次の著作でさらに深められたしかたで扱おうと思う。そこでは、本書において素描された理論的立場のすべて、そして倫理的帰結がさらに展開されなければならない。次の著作は『神の不在――潜在的な神についての試論』である（*L'Inexistence divine. Essai sur le dieu virtuel*）。

思考のうちに再発見することが重要なのだ。

第三章　事実論性の原理

私たちの歩みは、原則としてデカルト主義ではないにしても、デカルトが『省察』の第二省察においてコギトの真理を確立してからの歩みに相同的である。というのも私たちは、デカルトの場合を再検討しつつ、かの「コギト論」から離れ、科学の（祖先以前的な）言説を基礎づけられる絶対的なものへのアクセスを試みようとしている。しかし、ここでのコギトは、もはやデカルト的なコギトではない――それは「相関主義的コギト」である。相関主義的コギトとは、思考を存在との相互関係のなかに閉じ込めるもので、それが覆い隠しているのは、思考が思考それ自身に関わるという関係でしかない。この相関主義的コギトは、デカルト的コギトと少なくとも二つの面で異なっている。

1　相関主義的コギトは、必ずしも表象＝再現前化［représentation］の形而上学と同一視されるものではない。なぜならそれは、主客の相関ではない存在‐思考の相関の概念化であると見なせるからである（ハイデガーにおける存在と人間の共所属がその一例）。

2　相関主義的コギトは、厳密な意味での独我論的コギトではなく、むしろ「コギタームス」〔私たちは思考する〕である。なぜならそれは、科学の客観的真理を、諸々の意識の間主観的な合意にもとづいて設立するからだ。しかし、相関主義的コギトもまた、いわば「種の」ないし「共同体の」独我論を形成する。なぜならそれは、思考する存在者たちの共同体にとって以前／以後の現実を思考することの不可能性を確証するからである。この共同体はもはや自分自身にしか関わらない。また、それと同時代の世界にしか関わらないのである。

こうした「共同体的独我論」ないし「間主観性の独我論」から離れることは、《大いなる外部》へのアクセスを想定している。それは、延長実体に対して誠実な神が果たしていたのと同じ役割を、祖先以前的言明に含まれる数学に対して果たしうるものだ。

以上が、これまでの議論から出てくる、問題の位置づけである。

1　祖先以前的なものは、それが思考可能であるためには、絶対的なものが思考可能であることを要求する。

2　私たちは、存在者の絶対的必然性を確立しようとするあらゆる論証の失効は、すでに明らかにされたと認めることにしよう。つまり、これから探究されるべき絶対者は、独断論的なものではない。

3　私たちは相関的循環という障害物を乗り越えなければならない。相関的循環は、強いモデルにおいて全幅の力を得るのであり、それは、独断論的な絶対者を失効させる（神の存在論的証明への反駁のように）のみならず、一般的に絶対者のあらゆる形を失効させるものである。相関の悪循環という障害物によって挫折させられるのは、絶対主義の［absolutiste］歩み（理由律にもとづく）ばかりでなく、絶対論的な［absolutoire］歩みそのものであるだろう——つまり、何か絶対的なものを思考することは結局、私たちにとっての絶対的なものを思考することであり、ゆえに絶対的なものについては何も思考できないというわけだ。

要するに、私たちに必要なのは、相関主義の強いモデルの編み目をかいくぐることのできる非 - 形而上学的な絶対者である。これに関しては、次を確認しておく。

― 実在論的な絶対者（たとえば、エピクロスの場合）は、相関性の第一次性という編み目をパスできない（強いモデルの第一原理）。

― 相関的な絶対者（主観主義的な、つまり、観念論的および生気論的な）は、事実性の編み目をパスできない（強いモデルの第二原理）。

では、思考はどこから《外部》への道を切り拓くことができるのだろうか。

＊＊＊

こうした問題の位置づけと、その解消のための根本的な条件は、実のところ唯一私たちに遂行可能と思われる道をおのずから指し示している。強いモデルに対抗するためには、カントの超越論哲学に対する形而上学の第一の反撃を範例にしなければならない――すなわち、私たちもまた、相関主義があらゆる絶対論的思考を失効させるために用いている原理それ自体を、絶対化しなければならない。それは、諸々の主観主義的形而上学が行ったことに他ならない。主観主義的形而上学は、相関性それ自体、つまり経験的 - 批判的な脱 - 絶対化の手段を、新しいタイプの絶対者のモデルにしたのであった。そうすることで主観主義的形而上学は、相関主義をたんに「欺いた」わけではない――すなわち、主観主義的形而上学は、批判－懐疑主義に対して、当の批判－懐疑主義の論法の助けによってうまく対抗できるような絶対者を「ひねり出そう」としたのではない。問題はむしろ、批判－懐疑主義の論法に力を与えている真の源泉を深く考えることであった。まず、相関主義は本質的必然性の発見であると認めたのだった――私たちは〈私たちにとってのもの〉にしかアクセスできない、即自的なものにはアクセスできないのだ、と。しかしそこから、即自的なものは認識不可能だという結論に至るのではなく、相関性こそが真なる唯一の即自的なものだという結論に至るのである。こうして、懐疑論的な議論に隠された存在論的真理が明らかにされる。すなわち、主観主義的形而上学は、〔即自的なものについての〕根本的な無知を、真に絶対的なものとして露わにされる存在についての知へと変貌させたのである。

こうした反撃の第一波は、しかしながら、相関主義の第二の原理によって座礁する。第二の原理とは、相関項の本質的な事実性であり――これが相関主義において最も深い決定であることはすでに明らかである――、それが、観念論的な独断論および実在論的な独断論をどちらも失効させるのだ。しかしそれゆえに、私たちがとるべき道筋はもうわかっている。もし絶対者が今なお、相関的循環によって妨げられることなく思考可能であるとすれば、そうした絶対者は、ただ、相関主義の強いモデルの第二の決定それ自体を絶対化することで得られるものであるしかない――すなわち事実性の絶対化である。言い換えれば、もし、事実性の下に隠されたひとつの存在論的真理を発見できるならば、そしてもし、事実による脱－絶対化に力を与えているその源泉そのものが、正反対に、ある絶対的存在へのアクセスであるということを把握できるならば、私たちは、いかなる相関主義的懐疑論でも達しえない真理へのアクセスを開いたことになるだろう。そうなれば、こうした絶対化に対抗しうる〔相関主義の〕第三の原理は存在しないだろう。さて、理解せねばならないのは、相関項ではなく相関項の事実性が絶対者をなすのはなぜか、である。私たちが示さねばならないのは、事実性が、思考の本質的な諸限界によってもたらされる経験ではなく、逆に、思考が絶対的なものについての知から得る経験であるとすれば、それはなぜなのかである。私たちは、事実性において、絶対者へのアクセス不可能性ではなく、即自的なものの開示を捉えなければならない——つまり、存在するものに関する思考の永遠の不完全性の印ではなく、存在するものの永遠の固有性を。

以上の命題は、はたしてどういう意味なのか。

そもそも、事実性を絶対的なものとして考えるというのは馬鹿げていると思われるかもしれない。なぜなら、事実性とは、思考は〈存在するものがなぜ存在するのか〉を明らかにできないという、思考にとって本質的な不能性を表しているからだ。不能性を絶対的なものにするというのは、絶対的不能性に至るということではないのか。しかしそうではない。少なくとも、相関性に関する主観主義的形而上学の道筋をたどるとすれば、そうではない。すでに見たように、主観主義的形而上学は、絶対化に対して立ちはだかる障害においてまさしく、真に絶対的なものを発見していたのだ。私たちは今、それと同じレベルの経験を事実性について行うべきなのである。それは、確かに「見方の逆転」にすぎないかもしれない、しかし一度それが遂行されれば、相関的循環の至高の必然性は、私たちにとって当初そう思われていたのとは反対のものになるだろう——すなわち、事実性こそ絶対者の知であると明らかになるだろう、なぜなら、私たちは最終的に、思考の不可能性であるとこれまで誤って捉えていたことを、事物のなかに位置づけ直すことになるからだ。言い換えるなら、あらゆるものに内在する〈理由の不在〉を、究極の理由を求める思考が逢着せざるをえない〔思考の〕限界と考えるのはやめて、そうした〈理由の不在〉が存在者の究極の特性である、そうであるしかないのだと理解せねばならないのである。事実性は、あらゆる事物そして世界全体が理由なしであり、かつ、この資格において実際に何の理由もなく他のあり方に変化しうるという、あらゆる事物そして世界全体の実在的な特性として理解されなければならないのである。私たちは、理由の究極的不在――これからそれを非理由［irraison］と呼ぶことになる――は、絶対的な存在論的特性であり、私たちの知の有限性の印ではない、と考えなければならない。この見方では、理由律の挫折は、実に単純に、そんな原理は虚偽であるから――しかも絶対的にそうであるから――ということだ。なぜなら、真に次のように言えるからである。いかなるものであれ、しかじかに存在し、しかじかに存在し続け、別様にならない理由はない。世界の事物についても、世界の諸法則についてもそうである。まったく実在的に、すべては崩壊しうる。木々も星々も、星々も諸法則も、自然法則も論理法則も、である。これは、あらゆるものに滅びを運命づけるような高次の法則があるからではない。いかなるものであれ、それを滅びないように護ってくれる高次の法則が不在であるからなのである。

このように理解される絶対的なものの意味を、改めて明確にしよう。第一には、この事実性の絶対化が、なぜ相関的循環という障害を越えられているのかを説明せねばならない。

おそらく相関主義者は、私たちの主張にこう反論するだろう――「事実性は、あらゆるものが実際に理由を欠くことの知として理解されるべきである、という主張は、粗雑な間違いである。これは、事実性と偶然性を混同している。偶然性とは、何かが存続するか消滅するかの可能性を指すのであり、どちらの可能性にしても、世界の不変項には抵触しない。ゆえに、偶然性とは、特定の事物の現実的な可滅性について私がもつ知である。たとえば、私は、この書物が破壊されうることを知っているが、その破壊がいつどのように起こりうるかは知らないわけだ――すぐに私の娘が引きちぎるのかもしれないし、これから数十年で黴が生えてだめになるのかもしれない。しかし私は、この書物について何らかの確かな知を有する、つまり、その現実的な脆さ、その可能的な非存在、である。他方で、事実性は、偶然性とも必然性とも同一視できない。事実性は、世界とその不変項の偶然性あるいは必然性に関する、私たちの本質的な無知を指しているからである。事実性を事物それ自体の本性――私によって知られると想定される――にするならば、私は事実性を、世界内の存在者に対してのみならず、世界の不変項（すなわち、自然法則と論理法則）にまで適用されうる偶然性の一形態にすることになる。ならば、私は、この書物が破壊可能であると知っているように、世界は破壊可能だと知っていると主張することになろう。しかし、事実性がそのような意味での偶然性であり、またそれは即自的に真だというのは、決して証明できないことだ――私たちの世界の根源において必然的と見なされる、形而上学的原理の存在を証明できないのと同じく、である。したがって、相関的循環は、《究極の存在者》の絶対的必然性のテーゼも、また、あらゆる事物の絶対的偶然性のテーゼも、両方を無効にするのである。そもそも、世界の明白な非理由――世界がいかなる理由もなく実際に別様になる可能性――は即自的であると、いかにして知ることができようか、私たちにとっての非理由ではなく即自的な非理由である、と。この場合、私たちにとっての非理由というのはつまり、現象という見かけのヴェールの背後に隠された、あらゆる事物の真なる必然的理由を私たちは発見できない、という不能性のことである。この〈私たちにとって〉から〈即自〉への移行は、〔形而上学的〕必然性に関して言っても不可能なことであるし、同様に、偶然性についても不可能なのである」。

この議論に対抗するには、私たちにはひとつのやり方しかない——私たちは、相関的循環——また、その核心である〈即自〉と〈私たちにとって〉の区別——は、それ自体が思考可能であるために、実は、暗黙のうちに偶然性の絶対性を前提している、ということを論証しなければならない。さらに正確に言えば、示されるべきは、相関の事実性——それにもとづいて相関的循環の議論は、観念論と独断的実在論をどちらも無効化する——は、所与一般について偶然性の絶対性を認めるという条件においてのみ思考可能である、ということだ。あらゆる事物の〈別様である可能性〉は、相関的循環それ自体の前提である絶対的なことなのだ、とうまく示すことができるならば、相関的循環が自壊することなく偶然性を脱-絶対化することはできない、と明らかになるだろう。あるいは、こうも言える——偶然性は、〈私たちにとって〉が〈即自〉を相対化するという相関主義に固有の操作によって免疫的に排除されていたのだ、と明らかになるだろう。

議論をさらに明確化するために、次のような事例を考えてみる。二人の独断論者が、私たちの死後の未来はどうなるかについて意見対立している。一方の、キリスト教の独断論者は、私たちの存在は死後も存続するのであり、神の永遠の観想においてそうなのである——その神の本性は、私たちの現在の思考では理解できない——、ということを知っていると主張する（なぜなら、彼はそのことを論証したと想定されるから）。こうした人物は、だから、即自的なものとは神であり、それは——デカルトの神のように——私たちの有限な理性にとって理解不可能な存在者であると、私たちの有限な理性によって証明可能だ、ということを証明したと主張するわけである。反対に、無神論の独断論者が、私たちの存在は死によって完全に破棄される、死が私たちを純然たる無にするのだ、と主張する。

そこに相関主義者が介入して、二つの立場をどちらも無効化しにかかり、厳格に、ある理論的な不可知論を主張する。この相関主義者の目には、あらゆる信仰は等しくそれぞれに合法なものと映っている。なぜなら、理論によって信仰のひとつの選択肢を他より特権化することなどできないからである。さて、即自的なものは〈私にとってのもの〉に変換されなければ知ることができないが、これと同様に、私は、この世界にもはや私が属していないという条件下で私がどうなりうるのかを知ることはできない、なぜなら、知というものは、この世界に属しての存在を前提にしているからである。ゆえに、こうした不可知論者にとって、先の二つの立場への反駁は容易である。私がもう生きていないときに何が在るかを知ろうというのは矛盾していると言えば、それで十分なのである——知とは、人がまだこの世界に属していることを想定してのものなのだから。二人の独断論者は、即自的なものについて実在論の主張をしているが、どちらもが、あらゆる実在論に本質的な矛盾を含んでいる。すなわち、人がもう存在しないときに何があるかを思考しようとするという、この矛盾である。

ところが、さらに新しい介入者が登場する。主観的観念論者である。この者は、不可知論者は実在論者に劣らず矛盾した立場にあると宣告する。というのは、三者はいずれも私たちの現在の状態と根本的に異なる即自的なものが存在しうるだろうと考えているからである——自然な理性にとって到達不可能な神というのも即自的なものであるし、また純然たる無にしてもそうだ。しかし、そんなものはそもそも思考不可能である。私は、超越的な神も、いかなるものもないという無も、思考できない。またとりわけ、私がもはや存在しないということを私が思考するなど不可能であり、私は現に思考しているという事実ゆえに、自己矛盾になるしかない。私は、存在しているものとしてしか、現にそうであるように存在しているものとしてしか、思考できない。ゆえに、私は存在するしかない。いつでも今そうであるように存在するしかないのである。したがって私の精神は、身体はともかく、不死である。こうして観念論者は、根本的な超越性のあらゆる形態を無化するのと同じやり方で、死を無化するのだ——主体の相関的構造から差別化される即自的なものという観念を無化するのと同じく。〈私たちにとって〉から差別化される〈即自〉は思考不可能である。観念論者はそれを不可能と宣言する。

いまや問題は、相関主義の不可知論者が、いかなる条件において、二つの実在論のみならず、観念論の主張にも反駁できるのかを正確に理解することである。観念論者に対抗するにあたり、不可知論者には選択の余地がない。不可知論者は、死において私がまったく別様になりうること（神によって自失させられるとか、無化されるなど）は、私の自己同一的な存続と同じく思考可能である、と主張しなければならない。その「理屈」は、私は自分を、存在している理由を欠くものとして、このように存続している理由を欠くものとして思考している、ということだ。まさしく、こうした非理由——この事実性——の思考可能性こそが、三つの選択肢——二つの実在論とひとつの観念論——の可能性をすべて包み込んでいる。というのも、たとえば、私は自分をいなくなったものとして思考することはできないにしても、私は、そうした可能性を排除する原因は決して思考できない。私の〈非存在の可能性〉は、ゆえに、私が存在することの〈理由の不在〉とペアをなすように思考可能なのである——もはや存在しなくなるとは「どういうことか」は思考できないにしても。実在論者たちがそれぞれに主張する死後の状態の可能性は、それ自体としては思考不可能であるとはいえ（神の観想、純然たる無）、そういう主張自体は思考可能であるわけだ。私は、なるほど、思考不可能なものを思考できないが、思考不可能なものの可能性であれば、実在の非理由において間接的に思考できるのである。ゆえに不可知論者は、あれら三つの立場はどれも絶対主義であるとして斥けることができるのだ。三者は、それぞれのひとつの状態を帰結する必然的理由を言えると自負しているけれども、そのような理由は私たちには欠けているのである。

しかしここで、最後の介入者が登場する――思弁的哲学者である。この者は、今度は先の三つの選択肢においては絶対的なものが現れていないと主張する。なぜなら、絶対的なものとは、不可知論者が理論化するような〈別様である可能性〉それ自体であるからだ。絶対的なものとは、私の状態が他のどんな状態にでも変わるという、理由を欠いた可能的な移行である。だが、この可能性は、もはや「無知から来る可能性」ではない。すなわち、たんに、三つの選択肢のうちでどれが良いのかを知ることはできないという私の不能性から来るものではない――絶対的なものとは、先の選択肢、および他のもっと多くも含めたあらゆる選択肢の、まったく本当の可能性の知なのである。では、いかにして、この〈別様である可能性〉が絶対的なものであると、知の印なのであって無知の印ではないのだと、言えるのだろうか。それは、不可知論者がそう説得してくれたからである。実際、不可知論者はどうやって観念論者に反駁しうるのだろうか。それは、私たちは自分をもはや存在しないものとして思考することができると主張することによって、である。私たちの可死性、無化、神の下での〈まったく別様になること〉は、いずれも実際に思考可能であると主張しているのである。しかし、それらの状態は、可能的な事柄としてどのように思考可能になっているのか。私たちは、私たちが存在していることの〈理由の不在〉に依拠することで、私たちを無にしたり根本的に変化させたりできる〈別様である可能性〉を思考できる、という事実によってである。しかしいまや、この〈別様である可能性〉は私たちの思考に相関的に思考されることはありえない、なぜならそれは、まさしく私たちの非存在の可能性を含意するからである。無神論者の方式で自分を可死的なものとして――もはや存在しないことがありうるものとして――思考できるためには、私は、私の〈非存在の可能性〉をひとつの絶対的な可能性として思考しなければならない。というのも、この〈非存在の可能性〉自体を私の思考に相関的と考えるならば、つまり、私の可能的な非存在はそれを思考する行為に相関してしかありえないとするならば、私はもはや私の可能的な非存在を思考できないからであり、それはまさしく観念論者の主張に他ならないからである。私が自分を可死的と考えるには、私の死が実際に起こるためには、私の死はそれについての私の思考を必要としないのでなければならない。そうでなければ、私が自分をもはや存在しないものとして考えるためには、私が存在し続けるという条件においてのみ存在しなくなることができる、というのでなければならない。これは、他界することなく無際限に死に瀕した状態であり続けることができるというようなものである。言い換えるなら、主観的観念論に反駁するためには、自分に起こりうる消滅は、その消滅についての思考に相関せずに思考可能であると私は認めなければならないのだ。だから、相関主義者による観念論者への反駁は、事実性の思考に抱懐される〈別様である可能性〉の絶対化（脱‐相関化 décorrélation）によってなされるのである。この可能性は、その実効性が即自そのものの実効性として思考可能であるところの絶対的なものなのであり、思考の存在には無関係なのである。思考に対するこうした無関係が、〈別様である可能性〉にまさしく私を破壊する力を賦与するのである。

だがそれでも、相関主義者は次のように反論するだろう。「思弁的な選択肢は、実在論および観念論に比べてより確かであるとは言えない。実際、死後についての仮説で、あれら独断論のどれかひとつの状態が必然的であると理由を与えることはできない、というよりむしろ、死後について考えうるどんな実在的な可能性の仮説に対しても、理由を与えることなど不可能なのである。思弁的な仮説と形而上学的な仮説はどちらも思考可能なのであり、私たちはどちらかに裁決できない」。これに対して私たちは、正確な理由によって、思弁的な仮説に優位性があると答えなければならない。そしてその理由は、不可知論者自身が私たちに与えるのだと。すなわち、不可知論者は〈別様である可能性〉を、ふたたび絶対化することなしには脱‐絶対化できない。不可知論者の反論は、またもや絶対的なものとして思考されねばならない〈別様である可能性〉の思考可能性にもとづくしかない、したがってそれが、あらゆる選択肢を開いたままにするのだ。独断論者のように選択肢をどれかに閉じることなく。相関主義者は実際、自分が言っているのと逆のことをしている。相関主義者は、可能性を開く思弁的な選択肢よりむしろ、可能性を閉じるひとつの形而上学的な選択肢を真なるものとして考えられると言うのだが、そう言えるのは、どんな選択肢も他より優先的に実現する理由をもたない開かれた可能性を考えることでのみなのである。この開かれた可能性——この「すべてが等しく可能である」——こそが、ふたたびそれを絶対的であると考えることなしには脱‐絶対化できない、絶対的なものなのだ。

　この点は立ち止まって考察するに値する。ここに目下の論証のすべてがかかっているからだ。相関主義者は私たちに次のように言う。「即自的なものに関する形而上学的な選択肢——M1、M2と呼ぼう——は対等に可能であると私が言うとき、この「可能」は、無知ゆえの可能性を指している。私はこの表現によって、その可能性はたんに、私がM1とM2のどちらが良い選択肢なのかを知らないという事実に帰せられる、と言いたいのである。しかし私は、M1ないしM2は必然的な即自でない、とは言いたくない——それらの必然性は、調べようがないにしても実在するかもしれない。思弁的な選択肢は第三の選択肢であり、それは、M1とM2がどちらも実在的可能性であると言うもので、ゆえに、M1とM2はどちらも実際に起こりうるし、また、一方が起こってその後に他方が起こることもありうる。しかし私としては、これら三つの選択肢——1：M1の必然性、2：M2の必然性、3：M1とM2の実在的可能性——のどれが真であるかは知らないと主張する。私たちは、無知ゆえの可能性が三つある（1、2、3）という状況に面しているのであって、二つの実在的可能性（M1、M2）があるのではない、私はそう主張する」。

これに対し、思弁的哲学者は次のように答える。「三つの選択肢がどれも「可能」であると考えるとき、あなたはいかにしてこの可能性に至っているのか。あなたはいかにして三つの選択肢を開いたままにするこの「無知による可能性」を思考するに至っているのか。実のところ、この可能性の絶対性、つまり、その非-相関的な性格を実際に思考するに至っているのでなければ、この「無知による可能性」を思考するには至らないのである。ここをよく理解してほしい。私たちは根本的な点に触れている。もし、絶対的なもののあらゆる認識に対するあなたの懐疑論が何らかの論証にもとづいており、たんなる信念や臆見ではないのだとしたら、その論証の核心が思考可能であることを、あなたは認めなければならない。さて、あなたの論証の核心とは、私たちは、私たちと世界を含むあらゆる事物の〈非存在の可能性／別様である可能性〉に到達可能だということだ。しかし、それを思考できると言うことは、繰り返すが、あらゆる事物の可能性の絶対性を思考可能だと言うことなのである。あなたはこの対価を払わなければ、〈即自〉と〈私たちにとって〉を区別できない。なぜならその区別が依拠しているのは、所与に対して絶対的であるものによる〈別様である可能性〉の思考可能性であるからだ。あなたの脱-絶対化の方法は一般的に、思弁的哲学者が絶対的と見なすものをまさに絶対的なものとして実際に思考可能であると認めることでしか作動しない――いや、こう言うべきだ、絶対的なものが、あなたによって実際に思考されるのでなければならない。なぜなら、そうでなければ、主観的観念論者あるいは思弁的観念論者でない者であろうとするという考えは、決してあなたに起こらないだろうからである。あなたがもし、人間の思考のおそらく最も驚くべき力能をすでに感じているのでなければ、〈即自〉と〈私たちにとって〉の差異という考え自体も決してあなたに萌芽することはなかったろう。すなわち、自分の非存在に到達できるという力能、みずからが可死的であると知る力能である。あなたの思考の経験はその恐るべき力を、その思考に含まれる深い真理から引き出している。あなたは、他ならぬ絶対的なものに、唯一の真なるものに「触れた」のであり、それの助けによって、形而上学の偽なる絶対性の主張をすべて——実在論も観念論も——破棄したのである」。

「したがって、あなたは確かに無知による可能性と絶対的可能性を区別できる。が、その区別はつねに同じ論証に拠らねばならない——即自的なものが所与とは違うことの絶対的可能性、そして、私が実在的に可能的と考えることが実在的に可能でないかもしれないこと、以上を思考できるがゆえに、という議論である。こうしてあなたは無限退行に捕らえられる。私が実在的可能性と呼ぶものは無知による可能性にすぎないとあなたが主張するたびに、その主張は、あなたとしては脱‐絶対化したい可能性をしかし絶対的なものとして思考することでのみ成立する論法——あなたにとって他方の主な敵である、観念論に抗い続けるための論法——によって行われているのである。換言すれば、非理由——つまり、あらゆる事物の平等で無差別な可能性——を、たんに思考に相対的であるとは考えられない。なぜなら、非理由を絶対的なものと考えることでのみ、私は、独断的なあらゆる選択肢を脱‐絶対化できるのだからである」。

　私たちはこうして、何が相関的循環において核心的な裂け目なのかを理解できる。そこを通じて、私たちはその防御を打ち破れるのである。すなわち、相関主義による脱‐絶対化の議論——それは逃げ道なきものに見えるが——、それは、二つの決定のうちひとつを暗に絶対化することでしか機能しないということだ。では、観念論に抗し、相関項を脱‐絶対化することを選んでみる――しかしそれは、事実性を絶対化するという対価を払ってのことなのである。他方、思弁的な選択肢に抗し、事実性を脱‐絶対化することを選んでみる――その場合、私は、事実性を相関性の優位（あらゆる思考は思考の行為に相関していなければならない）に従属させ、この事実性は私にとってのみ真であり、それ自体において必然的に真なのではないと認めることになる。しかしこの選択は、相関性を観念論的に絶対化するという代価を払ってのことなのである。というのは、私の〈非存在の可能性〉が思考の行為に相関していなければならないというのであれば、私の〈非存在の可能性〉は思考不可能であるからだ。したがって相関主義は、これら二つの原理を一挙に脱‐絶対化することはできない。一方を脱‐絶対化するために他方を絶対化する必要があるのだから。ゆえに、私たちは循環の支配から逃れる二つの道をもっている――相関項の絶対化か、事実性の絶対化か、である。ところで、私たちはすでに、〔神の〕存在論的証明を斥けることで、形而上学的な選択肢は失効させたのだった――つまり私たちは、観念論の道を採ることはもはやできないのである。なぜなら観念論の道は実在的必然性に囚われているからだ。それは、特定の存在者、ないし特定の存在者のタイプが、絶対的に存在せねばならないと求めるものである（大文字の《精神》や《意志》や《生》など）。こうして、事実性の道を採るという選択肢が残る。その場合、事実性の絶対化が、ふたたび独断的なテーゼにならないことを確かめなければならない。

＊＊＊

こうして私たちは目標にたどり着いたようだ。相関的循環における裂け目を露わにすることで、その裂け目から絶対的なものへと突き抜けることができるのである。いまや私たちは、こうした事実性の絶対化の意味を明らかにしなければならない。すでに述べたように、私たちの求める絶対者は独断的であってはならない。存在論的証明が不当であることを見た私たちは、それゆえに、あらゆる形而上学――《永遠の相関項》を言う主観主義的な形而上学もそこに含まれる――が拒否されねばならない、それに伴って次のような言明が拒否されねばならないと納得したのであった――すなわち特定の存在者ないしは存在者のタイプが絶対的に存在しなければならないという言明である。絶対的な存在者ではない絶対者が明らかにされなければならなかった。それこそ、まさしく私たちが事実性を絶対化することによって獲得するものである。つまり私たちは、何らかの特定の存在者が存在することの必然性を主張するのではなく、あらゆる存在者が存在しないかもしれない可能性の絶対的な必然性を主張するのである。このテーゼは実に思弁的なものだ――私たちは絶対者を考えるのだが、それは形而上学的ではなく、かつ私たちは、絶対的である何か（存在者）はないと考える。絶対的なものとは、必然的存在者の絶対的不可能性である。私たちは、もはや理由律――すなわち、あらゆるものはこのようであり別様ではないことの必然的理由をもつ――の変種を主張しているのではなく、むしろ、非理由律［*principe d'irraison*］の絶対的真理を主張している。いかなるものにも、今そうであるように存在し、そのようであり続ける理由はないのであり、すべては、いかなる理由もなく今そうであるようではなくなりうるのでなければならない、そして／あるいは別様になりうるのでなければならない。

この原理は、無仮定的［*anhypohthétique*］なものであるとさえ言えるだろう。ただしこの場合の無仮定的とは、プラトンが《善》のイデアについて言った意味ではなく、アリストテレス的な意味である。無仮定的な原理とは、アリストテレスの理解においては、第一の命題のことであり、それは他から演繹されるものではないが、だとしても証明が存在するものである。[1] その証明は「間接的」ないし「反駁的」と言えるようなもので、「直接的」証明のように他の命題から原理を演繹するのではなく——その場合、演繹されたものはもはや原理ではなかろう——、その原理の真理性を疑うならば必然的な不条理が生じると明らかにするものである。その原理に疑いを向ける者が、実はその原理を真として前提した上でそれに疑いを向けているという自家撞着を示すことで、演繹なしにその原理を証明するのである。このやり方で、アリストテレスは無矛盾律を反駁的に示される原理として認めることができたのであった。というのは、無矛盾律に抗う者は、何であれ意味あることを言うためにそれに則っているからである。[2] しかしながら、非理由律と無矛盾律とのあいだには本質的な違いがある。すなわち、アリストテレスは、反駁的なやり方で、誰も矛盾を思考することはできないということだけを証明したのであり、矛盾が絶対的に不可能だとは証明していない。強いモデルの相関主義者は、ゆえに、無矛盾律の事実性を、無矛盾律の絶対化に対立させうる。強いモデルの相関主義者は、矛盾を思考することはできないということは認めるだろうが、それが矛盾の絶対的な不可能性の証拠であると認めることはないだろう。なぜならその者は、それ自体としての可能的なものが私たちにとって思考可能なものと全面的に同一であるとは証明されていない、と主張するだろうからだ。つまり、無矛盾律は、思考可能なものについては無仮定的であるが、〔それ自体としての〕可能的なものについてはそうではないのである。

非理由律は、反対に、無仮定的であるのみならず、また絶対的であることが明らかな原理である。というのは、すでに見たように、それの絶対的価値に反論するには、それの絶対的真理を前提にせざるをえないからである。懐疑論者は、〈即自〉と〈私たちにとって〉の区別の観念それ自体を成すためにも、絶対的であると想定される、存在することの〈理由の不在〉に、〈私たちにとって〉を従属させるしかないのだ。存在の〈即自〉が〈私たちにとって〉と別でありうる絶対的な可能性を思考できるからこそ、相関主義者の議論は有効性をもちうる。したがって、非理由律の無仮定性は、〈即自〉にも〈私たちにとって〉にも関わる。非理由律に反駁することは、非理由律を前提することなのである。その絶対性に反駁することはそれを前提することなのである。

この論点は、〈理由なく別様である可能性〉を時間の観念に結びつければ、容易に理解されるだろう。すなわち、あらゆるものを滅ぼすことも生じさせることもできる時間である。そのような時間それ自体を、生じたり滅んだりするものとして考えることはできない——生じたり滅んだりするとしたらそれは時間のなかでのことであって、つまり、それ自身のなかでということになる。これは確かに、一見して凡庸な議論である——時間が消滅するとしたら、時間が時間のなかで消滅するとしか考えられない、したがって時間は永遠であると考えるしかない。しかし、ここで十分に気づかれていないのは、こうした凡庸な議論が機能するためには、決して凡庸ではない時間を前提にしていなければならないということである——すなわち、いかなる法則性もなしにあらゆる自然法則を破壊できる時間であり、それは、たんに自然法則に従っているあらゆるものを破壊するだけではないのだ。何らかの定まった諸法則によって規定された時間が崩壊し、それではない時間へ、つまり他の諸法則によって支配された時間へと変わりうるという可能性は、十全に考えられる。いかなる特定の法則にも従わず、あらゆる特定の現実を破

(1) この「無仮定的」の用法については、アリストテレス『形而上学』Γ、第三章、一〇〇五b〔出隆訳、岩波文庫、一九五九年、上巻一二〇 - 一二三頁〕。

(2) この証明については、『形而上学』Γ、第四章〔前掲書、上巻一二三 - 一三六頁〕。

壊できる時間――いかなる理由も法則もなしに、あらゆる事物もあらゆる世界も破壊できる時間――、そうした時間のみが、絶対的なものとして思考可能なのである。ただ非理由のみが永遠であると思考可能なのである。なぜなら、ただ非理由のみが、無仮定的かつ絶対的であるとして思考可能なのだから。したがって私たちは、あらゆるものの非‐必然性の絶対的必然性を証明することができると言えるのである。言い換えれば、間接的証明によって、あらゆるものの偶然性の絶対的必然性を打ち立てることができるのである。

この偶然性は、しかし、私たちが以前にその名で呼んだもの、つまり、物理的対象の経験的偶然性からは区別されなければならない。事実性は、ここで問題になっている偶然性とまさしく同一視できる。事実性は、あらゆるものの〈別様である可能性／非存在の可能性〉についての定立的な知であり、無知による可能性ではないという意味においてである。しかし、絶対的偶然性は、経験的偶然性から次のように異なっている。経験的偶然性――それを今後は儚さ［*précarité*］と呼ぼう――は一般に、遅かれ早かれ実現されるだろう破壊可能性を指している。つまり、この書物、この果実、この人間、この星は、遅かれ早かれ消滅するだろう、物理と有機体の法則が現在までそうであったのと同じであり続けるにしても。したがって、儚さは、いずれ最終的に実現されるだろう非存在の可能性を示すものである。これに対して絶対的偶然性は――今後はこれのみを「偶然性」と呼ぶことにする――、純粋な可能性を指している。それは、決して実現されないかもしれない可能性である。確かに私たちは、私たちの世界がたとえ偶然的であるとしても、いつの日か実際に崩壊することを知っている、とは主張できない。私たちが知っているのは、非理由律に従って、世界の崩壊が実際に可能だということであり、そしてそれはいかなる理由もなく起こりうるということだ。とはいえ、同時に私たちは、いかなるものもそれを強制しえないということもまた知っている。反対に、あらゆるものはいつか必然的に崩壊するという主張は、依然として形而上学的であるだろう。確かに、あらゆるものの儚さを言うこうした命題は、もはや何らかの存在者が必然的であると認めてはいないのだが、しかしそれは、特定の状況（あれやこれやの破壊）の必然性を認め続けている。これは理由律の命令に従い続けることである。つまり、このようであって（Xの最終的な破壊）、別様である（Xの終わりなき存続）のではないことの必然的な理由がある、というわけだ。しかし私たちは、存続するのではなく破壊されるほうを必然的とする理由がどうやって得られるのかわからない。したがって、理由律から十全に身を引き離すならば、特定の存在者の破壊も永遠の存続も、いずれにせよ理由なく起こりえなければならないのだという主張が要請されるのである。偶然性とは、何でも起こりうるということであり、何も起こらないかもしれないということであり、また、現に存在するものがそのままで存在し続けるということも偶然的なのである。

こうして、相関主義に対する思弁的批判を考察できることになる。なぜなら、相関主義は、まさしく理由律に従い続けているがゆえに、信仰主義的な《全き他者》の信念と共犯関係にあると示せるのだから。実際、相関主義の強いモデルは宗教的言説を一般に正当化するものだ。なぜならそれは、隠された理由があるという可能性、私たちの世界の起源にはかり知れない構想があるという可能性を不当化しないからである。その理由なるものは思考不可能にされているのだが、思考不可能なものとして維持されていたのであり、このあり方は、その価値が超越的に啓示されるかもしれないことを正当化するに十分なのだ。究極の《理由》へのこの信念が、強い相関主義の本性を明らかにする――つまり、強い相関主義は、決して理由律の放棄ではなく、理由律の不合理なまでの信仰を弁護しているのである。思弁はそれとは逆に、理由律の外部への思考の解放を際立たせる［*accentuer*］のであり、その解放が原理の形をとるまでにする。このことのみが、究極の《理由》は決して存在しないことを私たちに把握させる――究極の《理由》は、思考可能でもなければ思考不可能でもない。所与の無根拠な現れの手前にも彼岸にも、何もないのである。所与を破壊し、生成し、存続させる、無制限で無法則な力以外には、何もない。

＊＊＊

いまや私たちは、相関的循環を抜け出したとみずから認めてよい。相関的循環の壁、思考を《大いなる外部》から隔てていた壁、思考されているか否かに関係なく存在する即自的な永遠から思考を隔てていた、その壁に少なくともひとつの出口を穿つことができたのだ。いまや私たちは、思考がおのれから抜け出すに至る狭い通路がどこにあるのかを知っている。それは、事実性である。事実性を通じてのみ、私たちは、絶対的なものへ向けての道を開削することができるのである。

しかし、こうして循環にひびを入れるのに成功したと認めるにしても、相関主義へのこの勝利は、ある喪失を代償にしており、相関主義に譲歩しているものではなかろうか。これは、実はピュロスの勝利〔割に合わない勝利〕であるように思われないだろうか。なぜなら、私たちがついに救い出すことができた唯一の絶対者は、通常この語で言われるものとは正反対のものと見えるからだ。つまり、通常は絶対者と言えば、その上に確実な認識を打ち立てることが期待されるものである。ところが、私たちが獲得した絶対者は、カオスの極端な形に他ならない。それはハイパーカオス〔*hyper-Chaos*〕であり、それにおいては何も不可能ではない、思考不可能なものも一切ない、少なくともそう思われる。したがって、この絶対者は、求められていた絶対化から最も遠い――すなわち、即自的なものを記述する数理科学を可能にするものから、最も遠いのではないか。私たちは先に、数学的なものの絶対化はデカルト的なモデルをとらねばならないと述べたのであった。つまり、第一の絶対者（デカルトの神に対応する）を発見した上で、そこから第二の絶対者を（延長実体に対応する）、つまり数学的絶対者を派生させるというモデルである。私たちはまさしく第一の絶対者（カオス）を獲得したが、これは、誠実な神とは反対に、科学的言説の絶対性を保証することはできないように思われる。それは、秩序を保証するものどころか、あらゆる秩序の崩壊可能性のみを保証するものなのだから。

かくして絶対者のほうへと開かれた裂け目を通して見れば、そこに発見されるのはむしろ恐るべき力である――それは秘められた何かであり、あらゆる事物も世界も破壊できるものである。それは、非論理的な怪物も生み出せる。決して作動しないままでいることもできる。確かにあらゆる夢を生み出せるし、だがまた、あらゆる悪夢も生み出せる。狂乱する無秩序な変化を起こすこともできれば、隅々まで不変で不動の宇宙を生み出すこともできる。それは、最も激しい雷をはらんだ大雲のようであり、最も奇妙な晴れ間を見せもするし、不穏に平静なときもある。それはデカルトの神に匹敵する《全能性》であり、あらゆることを起こせる、考えもつかないことまで含めて。しかしこれは、他の神的な完全性から独立した、いかなる規則もなく無差別なる《全能性》である。この《全能性》には善性も狡知もなく、判明な観念の真正さを思考に保証してくれることはない。それはまさしく大文字の《時間》のようなものであり、物理学によっては――また形而上学によっても――思考不可能な《時間》である。なぜならそれは、いかなる原因も理由もなしにあらゆる自然法則を破壊できる、どんな存在者でも破壊できる《時間》であるからだ。どんな神でも、大文字の《神》でも破壊できる。ヘラクレイトス的な時間ではない、なぜならそれは生成変化の永遠の法ではなく、いかなる法もない、可能性の永遠の生成変化であるからだ。それは、生成変化それ自体さえ破壊できるまでの《時間》であり、その場合は、おそらく永遠に《不動のもの》や《静止したもの》を、あるいは《死》を生じさせる。

このような災厄にもとづいて、どうやって科学的言説を基礎づけるというのか。いかにしてカオスは、祖先以前的な認識を正当化できるのだろうか。

第一絶対者（カオス的な）から派生的絶対者（数学的な）への移行というこの問題に取り組むには、事実性の概念に施された変容をさらに検討せねばならない——事実性を原理の無知として扱うのではなく、そこに一個の原理を発見することによって。「何であれ可能である、思考不可能なものでさえも」という命題がもし相関主義的なものであれば、そこで私たちは無知による可能性に関わっていることになる。ゆえに懐疑論者は、この命題によって、次のように言おうとしていた——即自的なものに関するあらゆる主張は権利上、真でありうるが、しかしどれなのかは決してわからない。私たちはカオスの絶対性を主張することで、懐疑論者のそうした立場に対し、即自的なものの認識において何も勝ち得なかったように思われる。即自的なものは真にどうにでもありうる、それが何なのかはわからないが、と言う代わりに、私たちは、即自的なものは実際にどうにでもありうるし、かつ私たちはそのことを知っている、と述べている。知でないものと見なされていたこと——すべてが可能である——が、いまや知と見なされているのであり、そしてその内容は、最も完全な無知と同じく未規定であるというわけなのだ。

しかしながら、つぶさに見れば、この二つの言明のあいだには、正確かつ重要な内容の違いがあることがわかる。相関主義の側の言明が純然たる無知の告白であるならば、絶対者の本性に関してその言明は、何も排除しない、真に何も排除しないことになる。相関主義によれば、絶対者の本性は本当にどうにでもありえたのである。ところが、絶対的なものとして事実性を捉える場合には、もはやそうではないのだ。私たちはいまや、懐疑論者が知らなかった二つのことを知っている。第一には、偶然性が必然的であり、ゆえに永遠だということ。第二には、偶然性のみが必然的たるべきだということである。ところで、偶然性のみのこの絶対的必然性から、私たちは、もうひとつのまったく絶対的な、ある不可能性を推論できるのである。実際、私たちの原理的な知によって、カオスの全能性においてさえも絶対的に不可能であると保証される何かがあるのだ。その何か、すなわちカオスが決して生み出さないものとは、必然的な存在者である。何でも生じうるし、何でも起こりうる、ただし必然的な何かを除いて。というのも、必然的であるのは存在者の偶然性であって、存在者ではないからだ。さてここに、非理由律と相関主義的な事実性との決定的な違いがある。私たちはいまや、形而上学的な言明が決して真ではありえないことを知っている。確かに、カオスのただなかにおいて事実上、必然的存在者と見分けがつかないものが生じることは考えられる――つまり、いつまでも果てしなく存続するような存在者であり、それは必然的存在者に似ている。しかしながら、それは必然的ではなかろう。それが実際に永遠に存続するとは言えないだろう。それは事実として、現在までのところは存続をやめなかったというだけのことである。では、こうした命題から私たちは、いかなる理論的獲得を期待できるのだろうか。非-必然性だけが必然的である、存在するしかないようなものなど何も存在しえない、このことだけなのだろうか。

これらの命題は核心的である。なぜならば、それはカオスの全能性の自己限定、自己正常化を含意するからである。私たちは、実は、カオスの全能性以外の必然的命題を作るという条件のもとでなければ、絶対知――カオスの知、しかし、すべては可能であると繰り返すだけに満足するのではない知――を展開することはできないのだ。しかしそれは、カオスそれ自体が服する規範、法を見つけることを意味する。ところが、カオスの力を規範に服させうるような上位のものは何もない。ゆえに、もしカオスが何らかの制限に服するのだとしたら、それはカオスの本性それ自体、その全能性に由来する制限でしかありえない。だが、カオスの唯一の必然性は、カオスであり続けるということだけだ。カオスに抗えるものは何も存在しない。カオスにおいて、存在するものはつねに偶然的であり続けるのであり、決して必然的であることはない。しかしここが核心的なのだが、私たちは次のように確信する――カオスがそのように偶然的、非‐必然的であることは、実は、存在者にどうにでもありうるわけではないことを強いるのである。つまり、存在者は、まったく偶然的なものであり続け、必然的なものとならないためには、何でもいいのではない諸条件に従わなければならないのであり、それらは存在するものの絶対的本性と同じになるのである。こうして私たちは、非理由に関する理性的な言説の本質が何であるかを理解するのである――その非理由は、たんなる不条理［déraison］ではないのだ。それは、存在者の〈非存在の可能性〉と〈別様である可能性〉のために従わねばならない制限を確立しようとする言説である。

そうした諸条件とはいかなるものか。どんな道をとればそれらを得られるだろうか。

私たちは、相関主義の二つのモデルを区別した。ひとつはカント的な弱いモデルであり、それは、即自的なものの思考可能性を主張していた。他方は強いモデルであり、それは、即自的なものの思考可能性にまで異議を唱えるものであった。私たちがここまで記述してきたカオスは、強いモデルにおける可能的なものを「客体化」するものだ――そのカオスは、思考不可能なもの、非論理的なもの、矛盾したものを生み出せると想定されたのだから。しかしカオスのこの力を私たちは「制限」できないだろうか、

新刊

人文学のための計量分析入門
――歴史を数量化する

クレール・ルメルシエ／クレール・ザルク著
長野壮一訳

数量的研究の威力と限界

数量的なアプローチは、テキストの精読に依拠する伝統的な研究方法にいかなる価値を付加することができるのか。歴史的資料を扱う全ての人に向けた恰好の書。

購入はこちら

Now Printing

四六判並製276頁　定価3300円

普通の組織
――ホロコーストの社会学

シュテファン・キュール著　田野大輔訳

「悪の凡庸さ」を超えて

ナチ体制下で普通の人びとがユダヤ人の大量虐殺に進んで参加したのはなぜか。殺戮部隊を駆り立てた様々な要因――イデオロギー、強制力、仲間意識、物欲、残虐性――の働きを組織社会学の視点から解明した、ホロコースト研究の金字塔。

購入はこちら

四六判上製440頁　定価6600円

公共内芸術
――民主主義の基盤としてのアート

ランバート・ザイダーヴァアート著
篠木涼 訳

**国家は芸術になぜ
お金を出すべきなのか**

国家による芸術への助成について理論的な正当化を試みるとともに、芸術が民主主義と市民社会に対して果たす重要な貢献を丹念に論じる。壮大で精密な考察に基づく提起の書。

購入はこちら

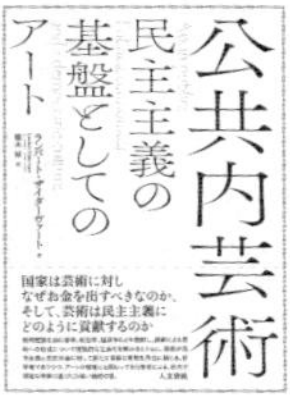

四六判並製476頁　定価5940円

新刊

英雄の旅
──ジョーゼフ・キャンベルの世界

ジョーゼフ・キャンベル著
斎藤伸治／斎藤珠代訳

偉大なる思想の集大成

神話という時を超えたつながりによって、人類共通の心理的根源に迫ったキャンベル。ジョージ・ルーカスをはじめ数多の映画製作者・作家・作品に計り知れない影響を与えた大いなる旅路の終着点。

購入はこちら

四六判上製396頁　定価4950円

共産党の戦後八〇年
──「大衆的前衛党」の矛盾を問う

富田武著

党史はどう書き換えられたのか？

スターリニズム研究の第一人者である著者が、日本共産党の「公式党史はどう書き換えられたのか」を検討し詳細に分析。革命観と組織観の変遷や綱領論争から、戦後共産党の理論と運動の軌跡を辿る。

購入はこちら

四六判上製300頁　定価4950円

性理論のための三論文（一九〇五年版）

フロイト著　光末紀子訳　石﨑美侑解題
松本卓也解説

初版に基づく日本語訳

本書は20世紀のセクシュアリティをめぐる議論に決定的な影響を与えたが、その後の度重なる加筆により、性器を中心に欲動が統合され、当初のラディカルさは影をひそめる。本翻訳はその初版に基づく、はじめての試みである。

購入はこちら

四六判上製300頁　定価3850円

そうすることで、それをカント的な弱いモデルの客体化にすることはできないだろうか。カオスは、カオスであり続けるためには、実は思考不可能なものを生み出すことはできないのだと立証することはできないか。もっと正確に言えば、私たちがこうして問うているのは、偶然性の必然性は、カントが物自体について、その思考可能性を担保するものとして定式化した二つの言明の絶対的真理を要求するのではないか、ということだ。

1　物自体は無矛盾である。
2　物自体が存在する。

ではこれから、物自体に関するこれら二つの言明――カントはそれをたんに認めるのみで、正当化はしていない――が、非理由律によって、絶対的な真理として証明されうることを見よう。それはどのようになされるのか。

＊＊＊

私たちは、非理由に関する二つの存在論的言明をもっている。

1　必然的存在者は不可能である。
2　存在者の偶然性は必然的である。

二つの言明はおそらく等価であるけれども、これらの定式から私たちは、物自体に関するカントの二つの言明の真理を推論できるだろう。

1　まず、第一のテーゼはこうである。矛盾した存在者は絶対的に不可能である、なぜなら、存在者がもし矛盾するものであるならば、それは必然的なものになるだろうからだ。必然的存在者は絶対的に不可能なのである。したがって、矛盾も同様に絶対的に不可能なのである。

さて、読者はこの議論を無意味なものと見なす可能性が大いにあるので、一番よい説明は、そうした推論の拒絶の主な理由の検討から始めることだろう。この証明の内的論理に入る前に、まず、無矛盾性についての証明という考えそのものに対して向けられるだろう反論について検討しておきたい。

（a）まず、一般的に、矛盾した存在者については何も言うべきことはない、と言われるかもしれない。結局のところ、矛盾したものは何でもないからである。何でもないものについては、何も主張しえない。しかしそう言うだけならば、立証されるべきことを前提にしてしまっている。矛盾した存在者は何でもないということを、そもそもひとはどうやって知るのか。真の矛盾は確かに思考不可能である。しかし問題は、その思考不可能性から、絶対的な不可能性を推論することはどのように可能か、ということなのである。したがって、矛盾したものは何でもないから矛盾については何も言えない、という議論に反論するのは空しいことだ。なぜなら、この反論は矛盾した存在者について何事かをすでに主張しているからであり――つまり、まさしく矛盾した存在者は絶対的に何でもないということを――、批判対象である私たちの議論とは反対に、そのことを正当化せずに主張しているからである。

（b）次に、私たちの議論は必然的に論点先取を犯しているという反論があるだろう。そもそも無矛盾律はあらゆる合理的推論の前提なのだから、というわけだ。無矛盾律の合理性を証明しようとするそのこと自体が矛盾している、なぜなら、その議論それ自体が、立証しようとしていることを認めた上でなされるのだから、というわけである。

この反論もまた、私たちが立証しようとしていることを誤解している。とはいえ、無矛盾律があらゆる議論にとって最小限の規則であることに異を唱えたいのではない。この原理は、それだけでは、矛盾の絶対的な不可能性を保証してはくれないのだ。それは、思考可能なものの規則のみを言っており、可能的なもの一般についての規則なのではないのである。私たちはこのことをすでにアリストテレスによる無矛盾律の扱いに関して見ておいた。アリストテレスは、この原理の、思考にとっての必然性を確立したのであり、即自的なものについてそうしたのではなかった。確かに私たちもまた、私たちの議論においてこの原理に従っている。だからと言って、私たちの議論が循環的になるわけではない。なぜならそれは、たんに矛盾の思考不可能性（これは認められていることだ）から出発して、矛盾の不可能性――これは前者とは別の主張である――へと向かっているからだ。私たちが矛盾の不可能性をあらかじめ認めていたのだとすれば、私たちの議論は循環的になってしまうだろう。しかし、矛盾の絶対的な不可能性が私たちの証明を機能させているのではない。私たちの証明を機能させているのは、無仮定的であるところの非理由律において確立された、必然性の絶対的不可能性なのである。存在者が必然的でありえないがゆえに――そして、存在者が論理的に一貫したものでなければならないからではなく――、矛盾の不可能性という結論が導かれるのである。

（c）しかしまた、次のように反論されるかもしれない。この議論はやはり循環的になっている、証明されるべきことを前提にしているからである。すなわち、矛盾の絶対的不可能性（たんにその思考不可能性ではなく〉を、である。実際、矛盾の絶対的価値を認めていないのであれば、その場合になぜ、矛盾から存在者の必然性のみを推論し、存在者の偶然性は推論しないのか。〈存在者は必然的かつ偶然的でありうる〉と主張することが矛盾であると思われるからこそ、私たちは、それが矛盾であるということから、特定の命題を推論する——すなわち〈矛盾であることは必然的であることであり、その反対に、偶然的であることではない〉という命題である。しかしなぜカオスは、思考不可能なものを生み出すことができるとされているにもかかわらず、「必然的なものは偶然的である」という命題を真にしないのか。これを拒絶するならば、それは、確立せんとするものを先に認めていることになる——つまり、無矛盾律の絶対的な価値を、である。

この反論は、三つのうち最も深刻なものだ。これに対抗するには、証明の内的論理に立ち入らなければならない。

ひとはしばしば、あらゆるものの純粋な生成変化を言う思想家を、矛盾の実在性を言うような思想家として見なしがちである。ひとはそうして、実在的矛盾の観念を、そこであらゆる事物がたえず他に生成変化する〈流れ〉として、あるいは、存在が非存在へ／非存在が存在へ移行してやまないような〈流れ〉として、解釈する。しかし私たちには、実在的矛盾の主張を、至高の〈流れ〉の主張に結びつけるのは深い間違いであると思われる。あらゆるものの普遍的な生成変化について私たちはすでに解釈を示しておいた——すなわち、生成変化を生じさせることも消し去ることもできるまでにカオティックなカオスである。ところが、そうしたカオスにおいて唯一、生じることも消え去ることもできないもの、つまり、あらゆる生成変化、変容から排除されているもの、それは、偶然性の全能性を台無しにする《不変のもの》であるだろうし、まさしくそれが《矛盾した存在者》である。これには正確な理由がある――矛盾した存在者が別様に生成変化しえないというのは、矛盾した存在者は、生成変化において他性をまったくもたないだろうからである。

では、矛盾した存在者が存在すると仮定してみる。それに何が起こりうるだろうか。それは非存在になりうるだろうか。しかしそれは矛盾しているのである。もしそれに存在しなくなることが起こるのであれば、そのパラドクス的な「本質」に従って、存在しないと同時に存在し続けることになるだろう。矛盾した存在者は、「存在するものは存在しない、かつ、存在しないものは存在する」という命題を真にするのだから。この場合、それは存在するともしないとも、もはや言えないのだろうか。決してそうではない。なぜなら矛盾した存在者が存在すると仮定したのだからである。だから仮定によって、この存在は実際に存在する。では、矛盾した存在者がどのようなしかたで存在しうるかを検討するだけで十分だろうか。ところで私たちは、矛盾した存在者は、存在しなくなるときでも存在し続けるということを見たわけだ。したがって、もしそういう存在者が存在するならば、端的に言って、それが存在しなくなることはありえないだろう――にもかかわらず、平然とそれは存在しないことをその存在に含ませているのである。こうした《存在者》――実在的に矛盾したもの――は、ゆえに、完全に永遠的なものなのである。

しかしこうした存在者はまた、いかなる実効的な生成変化も知ることはありえないだろう。それは他者になることができないだろう、なぜならその他者について言えば、かの存在者こそがその他者であるしかないからである。この存在者は矛盾しているのだから、この存在者は、つねにすでにそれでないものであるのだから。矛盾した存在者を存在に導入すれば、規定という観念――かくかくしかじかの存在である、あれではなくこれである——までもが破壊される。そのような存在者は、「あらゆる差異を吸い込むブラックホール」であろう。そこでは、あらゆる他性が取り戻しようもなく失われる。なぜなら、矛盾した存在者にとって他者であるということは、その存在はそれの他者でもあるという事実からして、それ自身以外ではありえないということに等しくなるからだ。したがって、実在的矛盾は、普遍的生成変化の主張と決して同一ではない。生成変化においては、事物は、まずこれであって、そして次にこれの他のものであり、というふうになる。事物は存在し、そして次にもはや存在しなくなる。そこには矛盾はまったくない。存在者がこれでありかつその反対であることはないのだから。存在しかつ存在しないことはないのだから。実在的に非論理的な存在者というのは、むしろまさしく、あらゆる生成変化の最小限の条件を徹底的に破壊するものなのである。それは、具体的な生成変化のプロセスが展開するのに必要な他性の次元を消去する。他性の次元は、つねにすでにそれ自身でないものである、固有の形をもたない存在のなかに吸い込まれてしまう。だから、矛盾の最も偉大な思考者——すなわちヘーゲル——が、至高の生成変化の思想家ではなく、反対に、絶対的同一性の思想家、同一性と差異との絶対的同一性の思想家であったのは、たまたまのことではない。というのは、ヘーゲルが力強く洞察したのは、真の《必然的存在者》は、それの外部を一切もたない存在でしかありえない、いかなる他者によっても制限されざる存在だということである。したがって《究極の存在者》はそれ自身に留まるのみである、たとえ他のものに移行するときでも。そのような《存在者》は、矛盾さえも、みずからを展開するひとつの契機として、みずからのうちに含むことになる。それは、他に生成変化するときでさえも何にも生成変化しないという究極の矛盾を真とする。それは、永遠にそれ自身に留まっている、なぜならその究極の同一性に差異も生成変化も吸収するからである。それは《究極的に永遠の存在》である、なぜならそれは永遠であると同時に時間的でもあり、不動でありながら過程的でもあるからだ。

こうして先の反論のどこがまずいかを理解できる。それは、次のように主張するものだった――矛盾であるということから必然的であるということを帰結するにあたっては、すでに無矛盾律を前提にしていないか、なぜならそうでなければ、偶然的であるということを結論することもまたできるだろうからだ。しかし、矛盾した存在者について確かに、それは必然的かつ非‐必然的であると言うことはできるにしても、そのときひとは、変化を起こさせうるあらゆる他性の次元を無化し続けているのだから、最も高次の必然性についてそう言い続けているのである。この矛盾した存在者については何でも言うことができるが、しかし、だからこそ、何をすることにもならない。なぜなら、あらゆる事物を無差別化し、この存在者が別様であることを考える全可能性を破壊しているからである。差異をふたたび導入する、したがって思考可能な生成変化をふたたび導入する唯一の可能性は、矛盾した言明を許容するのをやめることなのだ。

結果として私たちは、なぜ無矛盾律が存在論的で絶対的な真理であるのかを、非理由律から知ったのである。つまり、存在するものが生成変化しうるためには、そしてしかじかの他のしかたで規定されうるためには、そもそもしかじかのしかたで規定されている必要があるのだ。これがあれに、またそれ以外のものに生成変化しうるためには、これがこれであって、あれでもそれ以外のものでもないのでなければならない。こうして無矛盾律は、何か固定した本質性を示すのではなく、存在論的な意味としては偶然性の必然性、言い換えれば、カオスの全能性なのだとわかるのである。

ライプニッツは、絶対的な射程をもつ二つの原理の上に、形而上学的合理性を打ち立てた。無矛盾律と理由律である。[3] ところでヘーゲルは、理由律の絶対的な極まり（存在するものの必然性への信の極まり）は、無矛盾律に失墜を強いると考えた。そして、強い相関主義、ウィトゲンシュタイン‐ハイデガー的なそれは、理由律と無矛盾律のどちらもを脱‐絶対化するのであった。しかし、非理由律が私たちに教えるのは、理由律が絶対的に偽であるからこそ、無矛盾律は絶対的に真であるということである。

2　第二の問いに移ろう。今度の課題は、実際にそれ自体としての事物がある、つまり私たちにとっての現象的領野のみならず、即自的なものの領野があるだろう、というテーゼ（これを「ある il y a」のテーゼと呼ぼう）の証明である。それは、つまるところ、ライプニッツの問いを扱うことに帰せられる――なぜ何かがあるのであって無ではないのか、という問いである。実際、課題となるのは、即自的なものが存在することは絶対に必然的である、したがって即自的なものが無へと消えることはない、ということの証明である。反対に、〈私たちにとって〉の領野は本質的に可滅的である、なぜならそれは、思考する、そして／あるいは生きている存在に相関的だからである。私たちは、生命が消えるのに伴ってあらゆるものが無に帰することはなく、あらゆる〈世界‐への‐関係〉が消滅してもそれ自体における世界は存続する、ということを証明せねばならない。

しかしこの問いを、形而上学者のやり方で提起し、解決するのではない。つまり、事物一般の理由と見なされるところの第一原因や《究極の存在者》などを明らかにするのではない。非‐神学的に（究極の理由に訴えることなく）それを解決せねばならず、また、非‐信仰主義でなければならない。私たちはだから、この問いに関して二つの観点を拒否せんとしている。第一には、形而上学の観点であり、それは、この問いを理由律によって《究極の理由》に訴えることで解決する。第二には、信仰主義のそれであり、それは、皮肉にもこの問いは哲学にとって無意味だと主張する——というのは、この問いを破棄するためではなく、それの取り扱いを理性的なものではない言説へと譲るためである。私たちの考えでは、ライプニッツの問いを理性にとって無意味だと主張するのは無神論ではなく、むしろ現代的な形の信仰者の立場、懐疑論‐信仰主義的なそれである。そうして信仰者は、その問いに純粋に宗教的な意味を与えることができるのだ。すなわち、存在とは奇跡の顕現であると、無からの奇跡的な離脱であると意味づけるのである。この奇跡は、したがっていかなる必然性によるものでもなく、壊れやすく、可逆的なものと見なされうる。結局、信仰者とは、何かがあるということに驚嘆する者である。なぜなら、信仰者は、何かがあるということにはまったく理由がないと信じているからである——存在は純粋な贈与であり、あるいはそれは起こらなかったかもしれないのだ。

したがって二つの立場を対立させる必要がある。ひとつは、ライプニッツの問いに対して《神／原理》によって合理的に答えられると主張する立場であり、もうひとつは、その問いを《神／全き他者》によって理性の管轄から解放できると主張する立場である。言い換えるなら、私たちは一方ではライプニッツの問いの独断的解決を批判せねばならず、他方ではその問いのアイロニカルな消去も批判せねばならない。後者による理論的な懐疑は結果として宗教的な意味を温存することになり（それを否認しようがしまいが）、その宗教的な意味だけが、深淵さを言祝がれることになる。

このライプニッツの問題に高次の意味を——どちらの場合においても、神的なものとなる意味を——

（3） たとえば、次を参照。*Les Principes de la philosophie, ou Monadologie*, op. cit., 31-32, p. 89. 〔ライプニッツ『モナドロジー』前掲書、第三一、三二項。〕

与える二つの可能性に対して、思弁的な立場ではもっと平板な扱いを強いることになる。行われるべきは、そうした問いをドラマティックなものでなくすることだ。その問いが重要でないわけではない、しかるべき重要性を、二次的な重要性を与え直すのである。したがって、その問いは解決されなければならない。なぜなら、それを解決できないとしたり無意味であるとしたりするなら、それを崇め奉ることを正当化してしまうからだ。しかし、その解決は私たちを第一原因の特権性へと高めるものであってはならない――また、たんに第一原因の永遠なる不在を思い出し続けるのでもない。その問いから身を解き放たねばならないのだ。そして、そこから身を解き放つことは、解決であるだけでなく、私たちを必ずや失望させる答えにその問いを従属させることなのである。最終的にその問いの最も貴重な教えとは、まさしくそうした失望そのものだ。このような問題に対する唯一正しい態度は、大したものではないという態度、あるいは、魂の震えのようなものなど、嘲笑的であろうと深淵であろうと、不適切だという態度である。正しい解決の思弁的基準は、読者がそれを理解したときの、「そんなことでしかなかったのか……」という醒めた心情でなければならない。

そういうわけで、デフレ的な解決を試みよう。

「ある」ということのこの導出は、結局、私たちの出発点であった言明を明確化することに帰着する――すなわち、事実性は絶対的であるという言明である。つまり、事実性は、起こらないこともありうる事実のひとつなのではない。非理由律の意味は、事実性とは世界に付け加わるもうひとつの事実なのではない、ということだ。全事実が存在し、かつそれらの事実性が存在し、というように、前者に後者が追補的な事実として加わるのではない。というのも、諸事実について私は永続性を疑うことができるが、事実性についてはそうしようとしても、それをただちに絶対者として反復することしかできない。

しかし、事実性は絶対的だというこの言明——事実性の非‐事実性——は、二通りに理解できる。それらを私たちは、非理由律の弱い解釈および強い解釈と呼ぶことにしよう。

非理由律の弱い解釈は次のように定式化される——偶然性が必然的だというのは、もし何かが存在するのだとしたら、それは偶然的でなければならないということである。強い解釈では、反対にこうなる——偶然性が必然的だというのは、事物は偶然的でなければならず、かつ、偶然的な事物が存在しなければならないということである。弱い解釈では、事物が事実的であるのは——必然的なのではなく——、ひとつの追加の事実ではないと主張している。強い解釈では、事実的な事物が〈ないのではなくある〉のは、ひとつの追加の事実ではないと主張している。

非理由律を認めるならば、少なくとも弱い解釈を認めなければならない。この原理の最小限の意味は、もし事物が存在するならば、それは偶然的でなければならないというものである。もし弱い解釈を拒否するならば、非理由律自体を拒否することになる。というのも、仮定として、それに同意するならば、同時に弱い解釈に同意することになるのだから。しかし、事実論性の原理［principe de factualité］への同意は、強い解釈への同意なしでも可能である。ひとは次のように言えよう——確かに、もし何かがあるならば、それは偶然的でなければならない、しかしそれは決して、何かがあるのでなければならないことの論証にはならない。事物は、もし存在するのだとしたら、必然的にそれらは事実でなければならない。しかし、事実的な事物の存在を強制するものは何もないのだ。したがって「なぜ無ではなく何かがあるのか」という問いは、次のような形をとる——弱い解釈に留めておく先ほどの主張とは反対に、非理由律の強い解釈を正当化できるか、という問いである。この解釈が認められれば、何かが必然的に存在することを確立できたことになる、なぜなら偶然的な何かが必然的にあるのでなければならないのだからである。

強い解釈の正当性を確立するために、まず、弱い解釈だけが妥当であるという想定から始めよう。その場合、私たちは何を正当であると主張せねばならないだろうか。私たちが言わねばならないのは、事実的な事物が存在するのは、事実であって必然的ではないということだ。そうなると、事実性が存在すること自体が事実であると言わねばならない。なぜなら、もし何も存在しないなら何も事実的でないし、そうならばいかなる事実性もないからである。だが、こうした議論を主張するなら、事実性の事実性、いわば、二階の事実性を認めなければならないのではないか。ならば、次のように言わねばなるまい。まず一階の事実性が存在し、それは事物の事実性であって、あらゆる規定された事物や構造が存在しないこともできるようにする。そして二階の事実性があり、これは事物の事実性の事実性であって、事実的であるような事物が存在しないので一階の事実性が生じないという可能性を生じさせる。しかし、そもそも非理由律の根拠に立ち帰るならば、以上の議論はおのずと反駁される。何か事物の必然性を疑うためには、すでに見たように私は、その何かの事実性が絶対的なものとして思考可能であると認めなければならないのだった。世界全体が存在しないこともありうるものとして、あるいは、現にあるようなしかたで存在しないこともありうるものとして思考されうるためには、私は、世界全体の可能な非存在、その事実性が、私によって絶対的なものとして思考可能であると認めなければならない（そしてそれは思考の相関項以上のものである）。また、私自身を可死的であると把握するには、私は、自分の死、つまり自分の可能な非存在を、絶対的可能性としなければならない。したがって私は、事実性の絶対性を疑おうとしても、それをただちに絶対的なものとして反復するしかない。事物の事実性（一階の事実性）が事実であると主張するそのときに実は、事実性の事実性（二階の事実性）が絶対的なものとして思考可能であると認めているのである。したがって、私は無限退行に陥る。もし二階の事実性がそれはそれでひとつの事実ならば、三階の事実性が絶対的であると言わねばならず……以下同様である。

換言すれば、事実性の必然性を疑うという行為は、事実性の絶対性を思考内容として否定しながら、当の思考行為として事実性の絶対性を想定するがゆえに、おのずと反駁されるのである。したがって事実性は、いかなる方途によっても、世界における事実のひとつ、追加の事実としては考えられないのだ。事実性とは、事物が事実的であるという事実でも、事実的な事物が存在するという事実でもない。だから、事実論性の原理の一貫した解釈は、強い解釈でしかありえないのだ。すなわち、事実的な事物が存在するというのは、事実のひとつではなく、絶対に必然的なことなのである。

しかしながらここに、別の反論が介入してくる。直接的に定式化しよう。「あなたの議論は次の理由によって成立しない。偶然性というのは、実は、存在しなかったかもしれないが存在する物や出来事に関する肯定的事実（たとえば、「この葉は私のテーブルの上にある」のような）を指すだけでなく、存在したかもしれないが存在しない物や出来事に関する「否定的事実」（たとえば「今日は雨が降っていない」など）も指すものである。ゆえに、偶然性は必然的であると言うのならば、存在しうるが存在していない事物（否定的であり続ける理由がない否定的な事実）があることもまた、存在しないこともありうるが存在している事実と同様に、必然的であると言わねばならないだろう。ではなぜ、偶然性は否定的事実のみの偶然性として存続しうるだろう、と言わないのか。これはつまり、存在しうるが存在していないものはあるが、存在しないこともありうるが存在しているものはないという主張だ。すべてはカオスのただなかで「潜在的」に留まっているのだと考えても事実性を破棄することにはならない、なぜなら否定的事実は、否定的であるにしても事実だからである。ならば、偶然性は、存在するようになることへの決して現実化されなかった可能性・傾向性のみを指すことになろう。偶然的であるのは、存在への傾向性が傾向性のままに留まり、事実上、現実化されないであろうことだ。というのも、結局、もし何らかの存在するものが事実上ずっと存続しうるのだと認めるならば、同様に、あらゆる存在しないものが事実上、その潜在的な存在にずっと留まり続けることもできると認めなければならないからだ」。

この反論に対しては次のように答えられる。反論者は、事実性が絶対的なものとして思考可能であることは否定しておらず、事実性の絶対性は否定的事実のみの――結局は――絶対性として考えることができると主張している。事実性の必然性は、したがってもはや肯定的事実の存在を保証するものではない。しかしながら、事実性を絶対的なものとして思考できると認めるならば、いわんやそれは、事実性をたんに思考可能だと認めることを含んでいる。ところで、私は事実性を、存在するものが存在しない可能性、かつ、存在しないものが存在する可能性としてのみ考えられるのである。つまり、存在と非存在という二つの領野が存続することは、事実性の思考可能性の条件それ自体なのである。というのも、何らかの存在者を偶然的であると考えるとき、その存在者の存在それ自体（つまり、存在者が存在するということ一般）を偶然的であるとは考えられない。存在の抹消は、実際、私はそれを決して思考できない。存在しなくなるというのは、何か特定の存在者の生成変化としてのみ思考可能なのであって、存在一般の生成変化としてではない。ある存在者がもはや存在しなくなりうると認めること、さらに言えば、この可能性が存在論的に必然的であると認めること、それはまた、存在者の存在一般と非存在者の非存在一般がどちらも同じ資格で、あらゆる事物の破壊可能性を思考するための二つの破壊不可能な極であると認めることである。私は存在それ自体の非存在を考えられないし、結果として、また同じく、否定的事実のみの偶然性を考えることもできないのだ。偶然性は（絶対的なものとして）思考可能であり、また、存在と非存在の二つの領野が存続しないことは思考不可能であるからして、存在しないこともありうるしかじかの存在者と、存在することもありうるしかじかの非存在者がつねにどちらもあることが必要なのだと言わねばならない。

ゆえに解決は次のように言える。無ではなく何かが存在することは必然的である、なぜなら、他のものでない何かが存在することは必然的に偶然的だからである。存在者の偶然性の必然性は、偶然的存在者の必然的存在を強制するのである。

超越論的観念論の枠内においては、表象のアプリオリな諸形式の踏み越えられない事実性は、それらを物自体に固有の特性と同一視することを禁じていた。つまり、この事実性は、表象のアプリオリな諸形式を、即自的なものの必然的に固有な特性という資格で思弁的に演繹することを不可能にしていた。したがって事実性は、批判哲学による脱‐絶対化の要なのであった。ところが、カントは、即自的なものの思考に課された限界に、二回ほど——真剣に正当化することなく——背いていた。すなわち、物自体は存在するという想定がそのひとつであり、もうひとつは、物自体は無矛盾な存在だという想定である。

非‐形而上学的な思弁は、まず第一に、物自体とは、表象の超越論的諸形式の事実性に他ならないと言明するものである。そして第二に、この事実性の絶対性から発して、カントが自明視するだけで済ませていた即自的なものに固有の特性を演繹するのである。

＊＊＊

哲学とはつねに、その分身である詭弁《ソフィスティック》――曖昧であり、構造的でもある分身――すれすれのところで、奇妙な議論を発明することである。哲学することはつねに、オリジナルな論証の領域を必要とする、ある観念の展開である――その観念を擁護し探究するには、オリジナルな論証の領域が必要なのであり、そしてその論証のモデルは、実証科学にも――そして論理学にも――、これまで想定されてきた正しい推論の技術にもないのである。だから哲学にとって、推論を統御する内的方法を生みだすことは本質的なことである。さまざまな測量標や批判が、全体として新たに構成されたその領域に、その内部において合法な／不法な言明を分かつ諸限界を導入するのである。

絶対的な非理由のしかるべく規定された条件を吟味するには、批判によってその一貫性のなさが露わにされるのを恐れるのではなく、多様な批判に取り組まなければならず、その結果として論証は組織的に堅固になる。私たちの推論の弱点を発見するほどに、私たちは少しずつ丁寧に、十分でないところを吟味しながら、絶対者についての形而上学的でも宗教的でもない言説の理念を明らかにしていく。かつてなかった諸問題の総体とそれらへの適切な応答をしだいに明るみに出していくことで、私たちは、偶然性をめぐるひとつのロゴスを、ないし、理由律から解き放たれた理性を、生き生きと存在させることができるのだ――もはや形而上学的理性ではない思弁的に理性的なものを。

思弁の歩みによるそうした問題形成の例をひとつだけ挙げておこう。私たちは、無矛盾律の必然性は確立されたと主張している。つまり、矛盾した存在は必然的存在であるという理由によって。しかしこの点で、ひとは私たちに対し、矛盾と不整合［*inconsistance*］を混同しているという批判を向けることができるかもしれない。記号論理学においては、統語論的に適切なすべての命題が真になる形式的体系は「不整合」と呼ばれる。この記号体系に否定の演算子が含まれるならば、その公理系が内部ですべての構成可能な矛盾を無差別に真とするとき、その公理系は不整合であると言われる。反対に、(否定をもっている)形式的体系は、いかなる矛盾でも真にしないときに、無矛盾であると言われる。ゆえに、論理体系は、不整合であることなく矛盾的であることが可能なのである。そうであるためには、論理体系は、いくつかの矛盾命題を真にする一方で、すべての矛盾命題は真にしなければよい。これはいわゆる「矛盾許容 paraconsistant」論理の場合で、そこでは、いくつかの矛盾のみは真であるが、すべての矛盾が真なのではない。(4) ゆえに、現代の論理学者にとって思考可能性の基準は、無矛盾ではなく不整合である。あらゆる論理学が――また一般にあらゆるロゴスが――避けようとするのは、構成可能な命題であれば何でも、それらのどんな否定であっても、無差別に許容してしまうトリビアルな言説であるのだから。逆に、あらゆる矛盾を真にすることはないという限界内に矛盾が「囲い込まれて」いるのならば、矛盾は論理的に思考可能なものなのだ。

以上から言って、私たちの議論は二重に不十分であることになる。

1 私たちは、矛盾は思考不可能だと主張しているが、矛盾は論理学的には思考可能である。

2 私たちは、矛盾した存在はあらゆるものでありうると主張しているが、それはむしろ、不整合な存在の場合だけであるだろう。というのは、不整合な存在についてのみ無差別にあらゆる命題とその否定を主張できるのだからである。逆に、ある特定の矛盾(雌馬でないような雌馬)は真でも、別の特定の矛盾(羽のない二足動物は二足動物ではない)は真でないような世界は、理解できるものなのだ。だから、互いに異なる矛盾した諸世界が思考可能なのである。それら諸世界は、私たちの基準から言って、偶然

(4) この点については、Newton C. A. Da Costa, *Logique classique et non-classique*, Paris, Masson, 1997.

的であろう。なぜならそれらが、当座のあり方と別様になることは理解可能だからだ。たとえば、Aという矛盾を含む世界は、もはやAを含まずBという矛盾を含む世界に、あるいはどちらも含む世界になることがありうるのである。しかし、もしそのように矛盾した存在が偶然的にありうると考えるのなら、私たちは、矛盾した存在の可能性を非理由律でもって斥けられなかったことになる。そこからひとはまた、私たちはヘーゲルの弁証法を斥けられなかったとも結論するだろう。なぜなら、ヘーゲルの弁証法は、あらゆる矛盾を真とするのではなく、特定の矛盾、すなわち、他の特定の矛盾を引き起こす矛盾を真とするのであって、弁証法は矛盾的であるにしても不整合ではないからである。

ところが、こうした矛盾許容論理にもとづく反論は、私たちの思弁的探究を弱らせるどころか、むしろ反対に、より堅固にしてくれるものである。

1　第一に、私たちの議論は、整合性の概念を使って改訂することができる。私たちはただ、不整合な存在は必然的な存在となるので、不可能であると論証すればよい。それゆえ第一に、私たちは、次の言明、「何も必然的であることはないがゆえに、何も不整合ではない」が、矛盾した存在の不可能性についてそう結論した議論によって成り立つことを確証せねばならない。

2　しかし第二に、思弁的探究は矛盾の概念それ自体にまで踏み込まねばならない。そこで問われるのは、私たちは非理由律の助けによって、実在的矛盾の可能性までをも無効にできないかどうかである。というのも、指摘しておくならば、矛盾許容論理が作られたのは、実在的に矛盾する事実を考慮するためではなく、もっぱら医療機器などのコンピュータが矛盾した情報（同じ事象に関する対立した診断など）に面した際、そこから任意の帰結を演繹すること——偽カラハ何デモ導出デキル［*ex falso quodlibet*］によって——を避けるためである。ゆえに問題は、矛盾が、世界についての衝突する情報という資格で思考可能であるとしても、それが非言語的な出来事という資格で思考可能かどうかである。矛盾許容論理と同じく弁証法も、実在的な矛盾ではなく言明された矛盾のみに関わるのだ、と示すこともできるだろう——それは、同一の現実に対する矛盾した主張に関わっているのであり、矛盾した現実に関わっているのではないのだ、と。弁証法ないし矛盾許容論理は、思考の矛盾に関する研究であり、それは思考のなかに効果を生み出すもので、思考の周りを取り巻く世界のなかで思考によって発見される存在論的な矛盾の研究ではない、ということが明らかにされるだろう。思弁的探究は最終的に、実在的矛盾は、実在的不整合と同じく、偶然性の思考可能性の条件を崩すものであると論証せねばならないだろう。

私たちはここでは、これ以上考察を進めない。ただ、ここで示唆しておきたかったのは、非理由律は、結局は不条理に至るのではなく、正確に規定された問題空間を構成するのであり、そこでロゴスは漸進的にその議論の軸を明らかにしていくのだということである。

＊＊＊

用語の取り決めをしよう。私たちは今後、事実論性［*factualité*］という用語で、事実性［*facticité*］の思弁的本質を示すことにする。すなわち、あらゆる事物の事実性それ自体は、事実のひとつとしては思考されえないということである。事実論性は、事実性の非-事実性として理解されるべきことである。また、事実性を事実性それ自体に帰属させることの不可能性を「事実性の非-二重性」と呼ぼう。この非-二重性は、独断的でない思弁によって到達できる、唯一の絶対的必然性の発生を示している——必然性とは、存在するものにとって、それが事実であるということだ。私たちはそして、「非理由律」という表現はもっぱら否定的であるという欠点があるから、これを事実論性の原理［*principe de factualité*］と呼び換えよう。事実論性の原理は、私たちの実際の探究領野を肯定的に規定する――つまり、事実それ自体の非‐事実的な本質を、要するに必然性を、およびそれの厳密な諸条件の必然性を、である。存在するとは、必然的にひとつの事実であるということだが、しかしひとつの事実であるということは、何でもありうるということではない。私たちは、事実論性の条件を探究し規定する思弁を、事実論的［*factual*］と呼ぼう（また、こうした思弁の領野を略して示すために、たんに「事実論 du factual」と言おう）。そして私たちは、事実性の条件である言明を確立する操作を、導出［*dérivation*］と呼ぼう。最後に、それらの諸条件を、形成素［*Figures*］と呼ぼう。無矛盾律や「ある」（すなわち、無ではなく何かがあるということ）が、形成素である。

事実論性の原理は、こう定式化される――ただ事実性のみが事実的なのではない。言い換えれば、存在するものの偶然性のみが、それ自体、偶然的なのではない。この原理の定式化においては、次の点に注意せねばならない――事実論性の原理は、偶然性は必然的であると主張するものではなく、正確には、偶然性のみが必然的であると主張するものだ。後者の意味においてのみ、事実論性の原理は形而上学の外部に立つことになる。なぜなら「偶然性は必然的である」という言明は、それだけであれば、形而上学と難なく両立可能であるからだ。だからヘーゲルの形而上学は、絶対者の過程のただなかで、まったく偶然的なる契機の必然性を主張している。すなわち、自然の内奥で展開されるそうした契機において、無限は――それを外的に限定する、つまり有限化するものは何もないので――、純粋な偶然性、実効性なき現実、純粋な有限――概念の働きでは捉えることができない混乱した、無償なる事柄――に従うのである。したがってヘーゲルにとっては、自然がヘーゲルの自然の概念に部分的にしか対応しないことこそが、自然に内在する必要な不完全性の印それ自体、絶対者が絶対者であるためにそれを受け入れなければならない不完全性の印それ自体なのである。というのも、絶対者の過程のただなかには純粋な非合理性の契機——周縁的ではあるが現実的な——が存在せねばならず、そうであれば《全体》がおのれの外部に非合理的なものをもつことはなくなり、そうして《全体》は真に《全体》となるのだからである[5]。しかし、そうした偶然性は絶対者の過程から演繹されたものであって、絶対者それ自体は、合理的全体性という資格において、まったく偶然的なものを有しない。したがってここで、偶然性の必然性は、偶然性それ自体から、ひとえに偶然性のみから引き出されているのではなく、偶然性に存在論的に優越する《全体》から引き出されているのである。このことが、弁証法から事実論を分かつのである。あるいはもっと一般的に、私たちの語彙で言えば、形而上学から思弁的なものを分かつのである[6]。

こうして私たちは、思弁的原理を定式化し、特定の導出の手続きをはっきりさせることを通して、初めに求めていたものに定まった位置を与えることができた——すなわち、数学的言説の絶対化によって、祖先以前性の問題を解決するという可能性である。その問題はいまや次のしかたで言うことができる。

(5) ある学生が、南アメリカにはヘーゲルの概念に合わない植物が存在すると指摘したことに対し、ヘーゲルは、それはひじょうに残念なことだ、その植物にとって、と答えたという。(cf. J.-M. Lardic, « La contingence chez Hegel », *Comment le sens commun comprend la philosophie*, Actes Sud, 1989.)

(6) ヘーゲルにおける偶然性については次を参照。Lardic の前掲書 p. 108の、ヘーゲルの論考に対する注のなかに引用された解説。また、J.-C. Pinson, *Hegel, le droit et le libéralisme*, PUF, 1989, chap. I et II. さらに、Bernard Mabille, *Hegel, l'épreuve de la contingence*, Paris, Aubier, 1999.

私たちは、事実論性の原理から二つの命題を導出した。無矛盾律と、「ある」の必然性である。これらが、即自的なものの思考可能性というカントの主張を確立させてくれるのだ。私たちの考察は、カオスを規定することを通して、強いモデルの主張（カオスは何でもできる）から弱いモデルの主張（カオスには、思考不可能なものを除いたすべてが可能である）へと進展した。ゆえに、さしあたって私たちは、カント的であるような即自に「住まっている」のである。科学による祖先以前的言説を正当化することの賭けどころは、いまや、事実論的導出によってカント的即自の真理からデカルト的即自の真理への移行を達成するということに帰せられる。すなわち、その移行において絶対化されるのは、もはや無矛盾律という論理的原理だけではなく、数学的言明でもある、すなわち数学的たる数学的言明でもあるのだ。

先に私たちは、この問題に対してここで完全な解決を示すことはできないと述べた。これから私たちは、何を「数学」として言わんとしているのか、何をその措辞のもとで絶対化しようとしているのかをさらに特定することで、祖先以前性の問題をさらに正確に定式化する、ということで満足したい。

第四章　ヒュームの問題

存在するものがそのように存在することの理由が存在しているはずだ、と私たちが信じている限り、私たちは迷信を育むことになるだろう——それは、あらゆる事物の筆舌に尽くしがたい理由に対する信である。というのも、そうした理由は、以後も私たちが決して発見も理解もできないようなものであるから、私たちはそうした理由の存在は信じるしかない、信じようと熱望するしかないからだ。私たちが、事実性へのアクセスを、思考によって思考の本質的な諸限界を発見することにしてしまう限り、すなわち、思考は究極の理由を発見するのに不適格であるという発見にしてしまう限り、私たちは、結果としてあらゆる形の宗教を——その最も憂慮すべき形態のものまで——復活させることでしか、形而上学を捨て去ることができないのだ。私たちが事実性を思考の限界にしている限り、この限界の彼方は信心によって支配されるがままとなるだろう。それゆえ、形而上学と信仰主義とのこうしたシーソーゲームを断ち切るために、私たちは眼差しを非理由へと転じねばならない。非理由を私たちの不十分な世界把握として捉えるのはやめて、非理由をこの世界自体の真なる内容にしなければならないのだ。私たちは非理由を事物それ自体のなかへ投影し、事実性についての私たちの把握のなかに、絶対的なものの真なる知的直観を発見せねばならない。なぜ直観なのかと言えば、それは、私たちが偶然性――それ自身の他にはいかなる限界もない偶然性――として発見するものに最も適切な能力であるからだ。なぜ知的なのか、それは、この偶然性が事物においてまったく目に見えず、まったく知覚されないものであるからだ。ただ思考のみがそうした偶然性にアクセスできるのであり、それは、現象の見たところの連続性の下に潜んでいるカオスへのアクセスに相当するのである。

おそらくそこには、なおもプラトニズムの転倒があるのだが、それは一般的に行われてきたやり方ではない転倒である。なぜならそれは、ニーチェのようなやり方で、諸々のイデア性を備えた不動の世界を廃止し、万物の感覚可能な生成変化を肯定するようなことではないからだ。またそれは、諸感覚による幻惑と現象的時間に対する哲学者たちの糾弾を棄却することでもない。そうではなく問題は、生成変化は現象の側、知性は不動者の側であるというような、プラトニズムにも反プラトニズムにも共通の信念を捨て去って、それとは反対に、知的直観に従って、感覚可能な生成変化における不変性の幻想を告発することなのだ――すなわち、生成変化には、恒常的なものや不変の法則が存在するだろうという幻想を。そこで思弁は、経験的に一定である事物のその現象的な不変性に捕らえられた状態から私たちを解放し、その不変性を実は一貫して支えている、純粋に知解可能なカオスに至るまで私たちを高めるのである。

私たちはこう言おう、他でもないこのしかたで事物が存在しなければならない理由が存在すると信じているあいだは、私たちはこの世界をひとつの神秘にするだろう、なぜならそうした理由が私たちに与えられることは決してないのだから、と。しかしながら私たちはそこから発して、今まさに私たちを支配している事柄にたどり着く――必然的な理由を要求することは、たんに、イデオロギーのまやかしや理論的な逃げの結果ではないのだ。というのも、実のところその要求は、事実論に対する一見したところ決定的な反論にもとづき、動機づけられた拒絶に由来するのだから。その反論は、もし私たちが思弁的な歩みに最小限の信頼性を保証したいのならば、明確にして正確に反駁しなければならないものだろう。

その反論というのは、次である――事物のみならず、自然法則までもが実在的に偶然的であると主張するのは、馬鹿げていると思われる。なぜなら、もしもそれが真だとするならば、自然法則は、いかなる理由もなしに、実際にいつも変化していることが可能なのだと認めねばならないであろうから。

実際、事実論性の原理からの避けられない帰結のひとつは、それが自然法則の実際上の偶然性を肯定することにある。そのように存在するいかなる理由もなく私たちに現れているあらゆるものは、そのように存在するための必然的な理由を実際にもっていないと真剣に主張するならば、私たちはまた、自然法則は変化しうるし、それも真にいかなる原因も理由もなしに変化するということを真剣に主張せねばならない。自然法則よりも上位であり隠されている法則――すなわち諸法則の変化の法則、それは、下位のプロセス性を支配する、不動で神秘的な定項として私たちの前にふたたび現れてくるものだ――に従って変化するのではなく、真にいかなる原因も理由もなしに変化するということである。

しかしそうなると、この主張を受け入れる者は、物体があらゆる瞬間に最も気まぐれなしかたで動くかもしれないと思わねばならないだろうし、そうでないことを天に感謝せねばならないし、事物が日々の恒常性に従うことを幸福に思わねばならないだろう。このことを肯定するならば、私たちは、日常の事物が、いついかなるときであっても、最も予期できない動きを行うかもしれないという恐れを抱いて時を過ごさねばならないだろう。そして私たちは毎晩、終わりが近づいた一日を支障なく過ごすことができたことに喜びを抱かねばならないだろう——とはいえ、それからの夜のあいだも不安は続くのだが。現実についてのこのような考え、このような〈世界‐への‐関係〉は、きわめて不条理なものに思えるので、誰も真剣にそれを主張できないように見える。知られている諺によれば、哲学者によって真剣に主張されたことでなければ、それは愚かではないとされている。ひょっとしたら親切に指摘してくれる人がいるかもしれないが、この諺の間違いを示す証拠は、いまだかつて誰も主張しなかったことがひとつ残っていたという点にある。そしてそれを発見したのが私たちなのだ。

　私たちに反対する人は、以上のことから、諸法則には何らかの必然性が実際に存在しており、それがこういった気まぐれな無秩序を権利上禁じるのだと結論づけるだろう。この現実的な必然性は、論理学や数学のみから導出可能ではないので——というのも、私たちの世界以外の数多くの物理世界を矛盾なく考えられるのだから——、世界は論理‐数学的である以外の必然性、すなわちまさしく物理的な必然性を備えているのだと結論せねばならなくなるだろう。だが、これに理解可能な理由を与えるのは不可能なのだ。けれども——ここが反論の決定的な点なのだが——、そのような物理的必然性の観念を、謎めいているからという口実によって放棄するのは、それはそれで明白な私たちの世界の安定性を放棄することなしにはできないだろう。というのも、驚嘆すべき偶然でもない限り、物理的必然性のない世界は、あらゆる瞬間にあらゆる地点で、つながりを欠いた膨大な数の可能的なものに委ねられ、そうして世界は、物質の最小のかけらにさえ含まれる根源的な無秩序へと炸裂してしまうだろう。別の言い方をするなら、もし諸法則が実際に偶発的なものであるならば、それは知れ渡っているだろう——そして私たちには、そのことを知るための場所にもはや私たちが存在していないという機会がたくさんあるだろう、というのも、そうした偶発性に由来する無秩序は、見るべきものとして意識に与えられる世界と同時にあらゆる意識も粉砕してしまうだろうからだ。自然法則の安定性という事実は、かくして、自然法則が偶然的である可能性という考え自体に反駁するに十分であると思われる。繰り返すが、まったく本当に常軌を逸した偶然、すなわち、現在に至るまで私たちを完璧な安定性を備えた恒常性のただなかで生きながらえさせてきた常軌を逸した偶然がなければ、そうなのである。世界の安定性という事実は、確実性こそ高いものの奇跡でしかなく、私たちが驚嘆するに十分な理由があるものかもしれない。それはこれ以上続かないかもしれない、あと一日しか続かないかもしれないし、あと一瞬しか続かないかもしれないと、私たちが恐れるに十分な理由があることかもしれないのだ。

さて、自然法則の現実的な偶然性についてのこの言明を、私たちはきわめて真面目に主張することにしよう。けれども私たちは、安定した世界に生きていることを天の恵みとしていちいちの瞬間に祝福することはしない。なぜなら私たちは、自然法則は実際に理由もなく変わりうると主張するからである。とはいえ私たちは、皆と同じく、諸法則が絶え間なく変わることを期待してはいない。別の言い方をすれば、私たちが主張するのは、事物は実際にいかなる理由もなしに最も気まぐれな動きをとりうるが、しかし私たちが事物と結んでいる通常の日常的な関係をまったく変えずにそうできるのだと真剣に認めることができる、という主張なのである。これこそ、次に私たちが正当化すべきことである。

＊＊＊

私たちが定式化した上記の難問は、哲学の目録に記入されている問題だ。すなわち、ヒュームの問題と言われているものである。諸法則の偶然性に対する先の批判に応答することは、それゆえ、ヒュームの問題の思弁的解決を提案することに帰着する。

この問題の本質はどこにあるのか。古典的な定式化では、次のようになる――同一の原因は、未来においても、他ガスベテ等シイ［*ceteris paribus*］という条件で、同一の結果を引き起こすだろう、ということを証明することは可能か、という問題である。言い換えるならば、同一の状況において、未来の現象の継起は現在の現象の継起と同一であるだろう、ということを確証できるか、という問題である。つまり、ヒュームが提起した問題とは、自然法則は未来においても今日そうであるようにあり続けるだろうということを証明する私たちの能力に関わるものである。あるいは、因果のつながりの必然性を証明する私たちの能力に関わるものであるとも言える[1]。

因果性の原理に議論を絞り込もう。もし「原因」という用語を信用しないのならば、この原理を「自然の斉一性の原理」と呼んでもいいだろう。いずれにせよ、定式は本質的には同じである。この原理によって想定されるのは、同じ最初の条件からは、同じ結果がつねに起こるだろう、ということだ。最初に、この点に関してひじょうによくある誤解を避けるために、カール・ポパーによって主導された反証可能性の議論のさまざまなケースは、この〔自然の斉一性の〕原理の必然性を決して疑ってはいなかった、ということに注意しておこう。実際、反証可能性論は、自然法則が将来、何の理由もなしに変わりうると主張するものではなく、むしろ「たんに」、自然科学の諸理論は、まだ知られていない実験状況によってつねに反論される可能性がある、と主張することにその本質がある。反証可能性主義者たちにとって問題となるのは、自然において存在する「作用因子」を徹底的に確実に知ることは不可能だという理由により、自然の諸理論の永続性への信に疑いをかけることである。それゆえ、ポパーも——彼に続く科学認識論者も——、事象の変転における何の理由もない変化によってひとつの理論が破壊される、という主張をしているわけではない。同一の状況のなかで、自然法則がいつの日か変化するということをポパーは肯定していない。ポパーはたんに、物理の何らかの理論が恒久的に妥当だということを私たちは決して証明できないという主張をしているにすぎない。なぜなら、いまだかつて考えられたことのない状況でなされる実験の可能性はアプリオリには拒絶できないのであり、そうした状況は、当該の理論による予測を無効化できるからだ。物理学者たちは、新しい実験によって、また古い実験の新しい解釈によって、相対性理論のためにニュートン物理学を捨てる決定をしたのである。一九〇五年のあたりで（特殊相対性理論が発表された年だが）自然の流れが変化を起こし、《自然世界》そのものが変わったというわけではないのだ。以上のように、ポパーは、議論なしで斉一性の原理が真理であると認めているし、それゆえ、ヒュームの問題を真正の問題として取り扱うべく心配することは決してないのだ。ヒュームの問題は、自然に関する私たちの理論の将来の妥当性を問うものではなく、自然そのものの将来の安定性を問うものなのである。[2]

（1）ヒュームの問題のこうした定式化については次を参照。Hume, *A Treatise of Human Nature*, eds. L. A. Selby-Bigge and P. H. Nidditch, 2nd ed., 1978, Oxford University Press, Book I, Part III.〔ヒューム『人間本性論』木曾好能訳、法政大学出版局、二〇一一年、第一巻、第三部。〕および、Hume, *Enquiries Concerning Human Understanding and Concerning the Principle of Morals*, eds. L. A. Selby-Bigge and P. H. Nidditch, 3rd ed., 1975, Oxford University Press, Sections 4-7.〔ヒューム『人間知性研究　付・人間本性論摘要』斎藤繁雄・一ノ瀬正樹訳、法政大学出版局、二〇〇四年、第四－七章。〕

さらに次の点を明確にしておこう。ヒュームによって提示されたような因果性の問題は自然法則の恒常性に関する問題であり、そうした法則が、決定論的か、非決定論的すなわち確率論的なものかどうか、という問題とは無関係ということだ。確かにヒュームは彼の時代の自然学がもつ決定論的な枠組みのなかで問題を提起した。けれどもそうした問題は実のところ、確率論的なものでありうる自然法則の本性とは関係がない。実際、問題となるのは、完全に同一な環境内で同じ法則が、そうした法則の本性がどうであれ、将来にわたって真実であるかどうかを知ることである。決定論的な法則の場合では、ある状況xにおいて、しかじかの出来事yが――そしてこのyだけが――今日と同じように明日も起きるかどうかを問うことになる。確率論的な法則の場合では、諸条件xにおいて、出来事yが今日と同じく明日も起こるあるいは起こらない確率が同じであるかを問うことだ。したがって、ヒュームによって提起されたような因果性に関する問題を、決定論の問題と混同してはならない。それはより一般的な問題で、自然法則のすべてに関わるものであり、法則の特性からは独立のことなのである。

さらに別の言い方をするならば、ヒュームの問題は、かくかくしかじかの物理学理論ではなく、物理学それ自体が明日もなお可能であると私たちに保証してくれるのは何かということである。物理学の可能性の条件は、実際、実験の再現可能性であり、これがひとつの理論の妥当性を保証する。けれども、もし明日、正確に同じ状況において、続けてなされた実験が多様な結果を引き起こすならば、また、もし、同じ条件の実験に関して、安定した結果や安定した確率が明日にでも保証されなくなるとするならば、物理科学についての観念そのものが崩壊するだろう。つまりヒュームの問いは次のように定式化される。経験科学は今日そうであったように明日も可能であるということを証明できるだろうか。

ひじょうに含みのあるこの問いに対して、今日まで三種の回答があったと思われる。形而上学的な回答、懐疑主義的な回答（これはヒューム自身の回答でもある）、そして、よく知られているものだが、カントによる超越論的な回答である。この三種の回答の原理を簡単に示した後で、思弁的な回答の原理を定式化してみよう。

1　ヒュームの問題に対する形而上学的な回答は、私たちの世界を統べる絶対的な原理の実在を証明することにその本質があるだろう。たとえば、ライプニッツの弟子のようなやり方で次のように論を進めることができるだろう。まず、ある完全な神が必然的に存在することを証明する。次いでそこから、そうした神は可能な限り最善の世界――つまり私たちの世界――を創造することしかできなかったと推

（2）ポパーはそうした「自然の斉一性の原理」に対する彼の信念をはっきりと定式化している。「古い実験がある日、新しい結果をもたらすことなどは、決して生じない。生じることは、ただ新しい実験が古い理論に反する決定を下すということだけである」。Karl Popper, *The Logic of Scientific Discovery*, London and New York, Routledge, p. 249-250.〔カール・ポパー『科学的発見の論理』下巻、大内義一・森博訳、恒星社厚生閣、一九七二年、三一二－三一三頁。〕

「ヒュームの問題」と「ポパーの問題」の違いについてここで説明した理由は、ポパーが、私たちの理論の将来における妥当性の問題を「ヒュームの問題」と呼ぶことで、物事をはなはだしく曖昧にしてしまったからだ。ゆえにポパーは、自分はヒュームの困難を扱っているつもりでいて、実はそうした困難がすでに解決された前提での問題を扱っているにすぎないのである。実際、ポパーの問い、すなわち私たちの自然科学理論の未来における妥当性に関する問いは、未来においてたとえそれらの理論が新たな実験によって反駁されるとしても、そのときに物理学はまだ続いていると想定している。なぜなら、その反駁は新たな物理学理論のためになされるのだからである。したがってポパーは、未来においてもまだ斉一性の原理は妥当であると想定しているのであり、そして、必然的であると見なされるその妥当性にアプリオリにもとづいてこそ、彼はその認識論の諸原理を練り上げることができるのである。

論する。かくして、私たちの世界の永遠性、あるいは少なくとも世界を統御する原理の永遠性は、神の完全性それ自体の永遠性によって保証されるであろう、と。これは因果的必然性の直接的で無条件的な証明だと言うことができるだろう。神の存在は無条件的に必然的なものだと私は定立的に証明し（因果的必然性は神の唯一の本質から生じるのであって外的な条件から生じるのではないと証明する）、次いで、そこから直接的に、私たちの世界が現にそうであるようなしかたで必然的に存在し、存続するはずであると推論する。

2　懐疑主義による解決は、ヒューム自身がその問題に寄せたものである。ヒュームの回答は、二つの契機に分割することができる。

（a）ヒュームは、因果性の問題についてのあらゆる形而上学的な解決を拒むことから始める。いかなる推論によっても、自然法則の将来にわたる安定性を打ちたてることはできない。実際、ヒュームによれば、ある存在、ないし、ある非存在についての真理を打ちたてるために、私たちは二つの手段しか使えない。経験と無矛盾律の二つである。ところが、二つの手段のどちらも、因果的連結の必然性を証明してはくれない。確かに、経験は、現在ないしは過去について私たちに教えてくれるが、未来については教えてくれない。経験は私たちに、しかじかの法則がかつて存在していた、過去において真であったのと同様に、現在も存在する、ないしは真であると述べる。けれども経験は、その法則が将来もなお存在し、真であるだろうということは確立できない。無矛盾律について言えば、矛盾した出来事は起こりえないということを、経験に頼ることなくアプリオリに証明することが可能になる――つまり、矛盾した出来事は今日も明日も存在しえない。だが、ヒュームによれば、同じ原因が翌日には異なる結果をもたらすだろう、と考えることにはいかなる矛盾も存在していないのだ。

ヒュームが『人間知性研究』第四章でみずからの考えを例示した箇所を引用しよう。[3]「たとえば、私がひとつのビリヤードのボールが直線をなして他のひとつのほうへ運動していくのを見るとき、そして第二のボールの運動が両者の接触ないし衝撃の結果として、たまたま私に示唆されたとした場合においてさえ、百にも及ぶさまざまな出来事がこの原因から等しく生じうることを、私は心に思い浮かべることができないであろうか。これら二つのボールは絶対的な休止状態で止まりえないであろうか。第一のボールが直線をなして戻ってくるとか、第二のボールを飛び越えて何らかの直線運動あるいは何らかの方向への運動をする、といったことはありえないだろうか。これらすべての想定は整合的であり、想念可能である。とすれば、他に比べてより整合的でも想念可能なわけでもない一想定をなぜ私たちは優先させるべきであろうか。私たちのアプリオリなすべての推論は、この優先についていかなる根拠も私たちに示すことは決してできないであろう。」

因果的必然性を超えたところで、ここではライプニッツが理由律と呼んでいたものが挑戦を受けているのだ。確かに、すでに見たように、理由律に従うならば、あらゆる事物は、他でもなくそのように存在する理由をもつ。だが、ヒュームは、そうした理由は、実際のところ思考に到達不可能なものなのだと私たちに告げるのである。というのも、諸法則が現在そうであるようにあり続けるはずであるということが私たちには証明できないのだから、私たちはいかなる事実の必然性も証明できないのだ。まったく反対に、経験と論理の要請だけから見るならば、自然のプロセスも事物も出来事もすべて、それが現在あるのとは異なるようになりうるだろう。存在理由をもち、同一のままで永続することが明らかであ

(3) *Enquries*, op. cit., p. 29-30.〔ヒューム、前掲書、二六 - 二七頁。〕

るものなど何もないのだ。

（b）だがヒュームは、彼の問いに対する回答のあらゆる可能性を失効させることだけでは満足しない。ヒュームは問題それ自体の形を変えて、ヒュームによれば解決可能な問題に今度はそれを置き換える。因果的結合の必然性は証明できないのだから、なぜ法則が必然的であるのかと問うことはやめて、むしろ法則の必然性に対する私たちの信頼はどこから生じているのかを問わねばならない。ここに問題の転換がある——事物の本性についての問題を、事物と私たちとの関係の問題へと転換するのだ。もはや、なぜ法則が必然的なのかと問うべきではない。そうではなく、なぜ法則がそのようなものであると私たちが確信しているのかを問うのである。この新しい問題に対するヒュームの回答は一語で示される。習慣、ないしは慣れである。ある事実が繰り返されると、その事実は私たちのなかに、自然発生的なしかたで慣れの感覚を引き起こし、その感覚から、将来も同じようになるであろうという確信が生じる。私たちと自然との関係総体を支配するのは、すでに反復されてきたものについて、同一のものの反復であると信じるという、そうした傾向性なのだ。

3　最後の第三の回答は、カントによる超越論的な回答であり、正確に言えば『純粋理性批判』の概念の分析論におけるカテゴリーの客観的演繹である。(4) おそらくこの演繹は『純粋理性批判』で最も難解な箇所ではあるが、その原理はむしろ単純で理解しやすいものだ。ここでは簡単に定式化しておいて、後で立ち戻ることにしよう。

超越論的解決の原理、および古典的な形而上学的解決との違いは、形而上学的な証明すなわち無条件的で直接的な証明に代えて、条件的で非直接的な証明を行うことにある。ヒュームの問題に関する形而上学的、あるいは独断論的な回答では、すでに述べたように、絶対的に必然的な原理が存在することを定立的に示してから、次いでそこから私たちの世界の必然性を導き出そうとしていた。それとは逆に、超越論的な探求は、因果的必然性の非直接的な証明を提示することにある――言うなれば、それは不条理なものによる証明である。その歩みは以下のようなものだ。実際にはいかなる類の因果的必然性も存在しないと想定して、そこから何が帰結するのかを検討する。さて、そこから帰結するものとは、カントによれば、それはあらゆる形式の表象の完全な破壊である。現象における無秩序とは、いかなる客観性も、果てはいかなる意識でさえもそのままで持続して存在し続けることができないということだ。それゆえカントは、法則の偶然性という仮説は表象という事実によって反駁されると考えることができた。そだからカントの回答はきわめて条件的なものだ。つまり、カントは、因果性が将来の世界を規定しなくなることが絶対的に不可能であるとは言っていない。そうではなく、カントはそのような出来事が表れることは不可能だと言うのである――なぜなら、因果性が世界を規定することをやめたならば、いかなるものも恒常性をもたなくなり、表象可能ではなくなるだろうからだ。だから、ヒュームが想像したビリヤードのボールの情景は不可能なものなのである。なぜなら、この情景では、ビリヤードのボールだけが因果性から逃れているのであって、ボールが転がり回るテーブルやテーブルが置いてある部屋はそうではないからだ。まさしく文脈が安定した状態のままであるからこそ、私たちは、ヒュームによる気まぐれな可能的状態を想像することにおいて、なおも何かを自分に表象しているのである。しかし、カントは言うが、もし因果性が（悟性のその他のカテゴリーと同じく）表象を構造化することをやめたならば、因果性は現象界に属するものを何であれ構造化することをやめるであろうし、主体であろうと客体

（4）次を参照せよ、本書、一五七頁、注（6）。

であろうと、たんなる観察者として現象を観想する暇を私たちに与えるいかなるものもそこから逃れることはできないだろう。したがって、因果的な必然性とは、意識および意識が経験する世界の存在にとっての必然的な条件のひとつなのである。別の言い方をしてみよう。因果性があらゆるものを規定するというのは絶対的な必然ではない。だが、もし意識が存在しているのならば、それはまさしくある種の因果性が必然的に現象を規定しているからという理由に他ならないのである。

見かけ上は異なっているが、ヒュームの問題に対するこれら三つの回答にはひとつの共通する公準が見いだされる。その共通点とは、すべての解決が、因果的必然性という真理を疑いの余地なく認めていることにある。いずれの場合においても、因果的必然性が実際に存在するのかどうかという点からは問題が立てられていない。そうではなく、問題提起は、因果的必然性に根拠を与えられるかどうかという点から行われていたのである。この必然性は、決して改めて疑われることのない明白な事柄として考えられている。これはもちろん形而上学的および超越論的解決においては明白である、というのも、この二つの解決は因果性の真理を証明することにその本質があるのだから。しかしヒューム自身も、因果的必然性について実際には疑いを抱いていないのだ。ヒュームはたんに推論を通じて因果性を証明する私たちの能力を懐疑しているだけである。ヒュームによれば、「自然の作用の最終原因」は私たちにとって不可知なものであり続けるしかない。もちろん私たちは、自然現象を発生させる原理を、少数の一般的原因に還元することはできる。だが、ヒュームが強調していることだが、「これらの一般的原因の原因に関しては、私たちはその発見を試みても無駄であろう。(……) これらの究極的源泉および原理は、人間の好奇心および探求から全面的に閉ざされている(5)」。言い換えれば、私たちは世界を規定する原理的な法則を引き出そうと望むことはできるが、法則に必然性を与えている法則自体の原因は、私たちにはアクセス不可能なままなのである。ここにおいて、自然のプロセスには究極の必然性が確かに存在することが認められる。そうして、ヒュームはまさしくこのことを認めているから、みずからの立場を懐疑主義的な立場として特徴づけることができる。というのも、みずからを懐疑主義者と見なすというのは、真だと想定される必然性に対する私たちの同意を基礎づけることが理性にはできないと認めることだからだ。

私たちが採用しようとしている思弁的な立場は、先の三つの解決に共通するこの公準を拒絶することにその本質があり、最終的にヒューム的アプリオリ——カントのそれではない——が世界について私たちに教えることを真面目に受け取るのである。すなわち、異なる「百にも及ぶ出来事」——そしてそれよりはるかに多い出来事——が、ひとつの同じ原因から実際に結果として生じうるということを真面目に受け取るのである。ヒュームによれば、アプリオリには——つまり、論理というただひとつの観点からすれば——、矛盾することのないあらゆる結果は、何であれいかなる原因からも生じうる。確実に、まさしくここに、理性からの明らかな教えがある。すなわち、論理的な理解可能性という唯一の要請に従う、思考からの明らかな教えがある。理性は私たちに、原因も理由もなくビリヤードのボールが台の上で千もの（あるいはそれ以上の）しかたで現実に動き回る可能性を与えてくれる。というのも、理性が無矛盾律以外のアプリオリな原理を何も知らないとすれば、理性は明らかに、矛盾のないものであれば

（5） *Enquries*, op. cit., p. 30.〔ヒューム、前掲書、二七頁。〕

どんな可能性でも生じることを許容するのであり、ある可能性を別の可能性より優遇するいかなる原理もないのである。それゆえ、この観点について、後から理性においてこの観点の拒絶を基礎づけようとするためであれ、あるいは、理性はこの観点を支持できないと認めるためであれ、この観点を明白に虚妄であるとして拒絶することから議論を始めるというのは、私たちにとっては奇妙に思えるのだ。理性は私たちにひじょうに明らかなしかたで因果的必然性の明白な誤りを教えているのに、なぜ実際のところ理性はそうした自己自身に反して働き、因果的必然性が真理であると証明するのか。ひとえに感覚のみが、因果性に対する信を私たちに課してくるのであり、思考ではないのだ。したがって因果的結合の問題に取り組むには、この結合を真理と想定することからではなく、その明らかな誤謬から出発することが最も正当なやり方のように思われる。いずれにせよ、一般的には感覚の友ではなく思考の友である哲学者の多くが、この事柄については、知性による輝かしい明らかさよりも習慣的な知覚に信頼を置くことを選択したということは驚きである。

懐疑主義的な立場はここでは最もパラドクス的である。というのも、懐疑主義的な立場は、一方では、存在論的な要求を基礎づける理性の原理の無能力を明らかにしていながら、他方では、そのような原理が世界のなかに注入した必然性——現実の、物理的必然性——を信頼し続けているからだ。ヒュームはもはや形而上学を信じてはいないが、形而上学が事物のなかに移入した必然性をまだ信じている。このように形而上学を不完全なしかたで拒絶した結果が、形而上学による幻想の世界に対する単純な生命レベルでの賛同なのである——この賛同は繰り返されるものを信頼しようという非反省的な傾向性のみによって生じる。形而上学者たちが証明できると信じていた世界をヒュームは盲目的に信じている。それゆえ、このような懐疑主義が簡単に迷信へ転じうることも予想される。というのも、事物の流れには底知れぬ必然性が存在すると肯定し信じることは、まさしくさまざまな摂理を信じることになるからだ。私たちには、理性を信じ、それによって現実から因果的必然性の背後世界を退去させるほうが、より賢明なのではないかと思われる。したがって、形而上学的必然性に信を置いたままの懐疑主義は、現実世界の非‐形而上学的な性質についての思弁的な知へと、場を譲ることになるのではないか。

こうして、思弁的な立場がヒュームの問題に伴ってきたアポリアをいかに取り除くのかがわかる——私たちの観点から因果的結合の必然性が証明できないのならば、それはたんに、因果的結合がまったく必然性をもたないからである。けれども、思弁的な立場があらゆる困難を取り除くわけではない。というのも、実際は、私たちはヒュームの問題の再定式化に至る予定であり、それによって困難が置き換えられるだろうからだ。この再定式化は、次のように言うことができる——真実だと思われている自然法則の必然性をいかに証明するのかと問わずに、私たちは、もし自然法則が偶然的なものだと見なされるとしたら、自然法則の明白な安定性をいかに説明するのか、ということを問わねばならない。ヒュームの問題の再定式化は上で述べたようなものだが、言い換えると次のようになる。自然法則が偶然的であって必然的ではないと想定されるとしても、自然法則が根源的で絶え間ない変化によってその偶然性を表すということがなぜ起こらないのか。いかなる基礎づけによっても永続化されていない法則から、いかにして安定した世界が帰結として生じるのか。私たちは賭けている。このように再定式化された問題が、ここにおいて——型通りの説明とは逆に——合理性の権能をまったく制限することなく、満足すべき回答を得ることができる、と。

諸法則の実際の偶然性というテーゼを認めることに決定的な困難を感じているであろう読者には、次のようなしかたで事柄を示すことができよう。非ユークリッド幾何学を引き起こした「冒険＝企て」はよく知られている。「直線と、直線上に存在しない点が与えられたとき、点を通り直線に平行な直線は与えられた平面上に一本しか引くことができない」というユークリッドの公準を証明するために、ロバチェフスキーはこの公準の誤りを想定した。ロバチェフスキーは所与の一点から第一の直線と平行な直線が多数引くことができると仮定した。彼がそうしたのは、矛盾に至ることによって、すなわち不条理を通じて、問題となる公準の正当性を証明するためであった。だがそうした証明にいたることなく、ロバチェフスキーは、ユークリッド幾何学とは異なってはいるが、それと同じくらい一貫した新しい幾何学に到達したのだった。さて、提起されたテーゼに同意するつもりがなければ、おそらく議論が次のように進むことは受け入れられるだろう。すなわち、因果的結合が必然的結合であると確信しているとして、そしてそうした必然性に関する形而上学的な証明の可能性を信じないとして、因果的必然性の有効性を不条理によって証明するべく試みてみよう。思考のなかにあるこうした必然性を消去して、不条理に出くわすことになると期待してみよう。そのとき私たちは、斉一性に関わる形而上学的原理を動員しながら確立しようとしていたができなかったものを、背理法によって証明することになっただろう。私たちの賭けどころは、ユークリッドの公準に関して幾何学者たちに起こったようなことが私たちにも起こるのではないかという点にある。私たちは徐々に発見するであろう。この非-因果的な世界は、因果的な世界と同じく一貫的でありうる世界であり、そこでは、因果的な世界と同様に、私たちの現在の経験が理解されるのだ、と。けれどもさらに、私たちは、その世界が物理的必然性への信に内在する謎から解放された世界であることを発見するであろう。別の言い方をすれば、私たちは因果的世界から非-因果的世界へと移行することで、何も失いはしないのだ——謎のみを除けば、何も。

さて、それに続いて、こうした議論の歩みが超越論的な解決と正面からぶつかるであろうことがわかる。実際、すでに述べたが、超越論的演繹の歩みはまさしく、因果的必然性の不在によってあらゆる表象が破壊されるという、不条理による推論であった。さて、私たちは逆に、思考において因果的必然性を除去することは、必ずしも表象の諸条件と両立不可能な結果に至るわけではないということを主張しよう。まさしくそれを通じて、私たちの問題はよりいっそう正確なものとして定式化される。すなわち、ヒュームの問題に関する思弁的解決の正当性を明らかにするために、私たちは超越論的演繹の論理的な不備がどこにあるのかを示さねばならないのであり、そこから、反対推論によって、現象世界の恒常性は自然法則の偶然性を反駁するに値しないということを論証したい。別の言い方をするならば、カントによる帰結、すなわち法則の非‐必然性から表象の破壊を結論づけることが、いかなる点において見せかけのことなのかを私たちは示さねばならない。

＊＊＊

カントにとって、私たちが世界についてもつ表象が必然的結合によって支配されていないなら——カントはそれをカテゴリーと名づける、因果性の原理はその一部をなす——、世界は曖昧な知覚が無秩序に集積したものでしかなくなるであろうし、そうした知覚はいかなる場合においても統一された意識の経験を構成することができないであろう。つまり、カントによれば、意識や経験といった観念自体が表象の構造化を要請するものであり、それによって私たちの世界は、互いに何のつながりもないさまざまな印象の純粋に偶然的な継起ではないものとなるのだ。これがカテゴリーのいわゆる客観的な演繹における中心的なテーゼであり、その要点は経験に対するカテゴリーの適用を正当化することにある（経験とは、主に自然学〔物理学〕によって想定される普遍的つながりのことだ)。現象についての可能な学なしに意識は存在しない、なぜなら意識の観念それ自体が、時間のなかで統一された表象についての観念を想定しているのだから(6)。さて、もし世界が必然的な法則によって統御されていないとするならば、世界は私たちにとって脈絡のない経験へと断片化し、固有の意味での意識はいかなる場合においてもそこから生じることがないであろう。つまり法則の必然性とは、それをもとに意識の条件それ自体が作られる以上、議論の余地のない事実なのである。

おそらく、こうした「条件づける」推論の避けがたい性格には同意することしかできない。しかし、ただちにこう付け加えねばならない——議論の余地なくそれに同意できるのは、安定性の概念に限ってのみであって、決して必然性ではない、と。実際、吟味することなくカントにおいて同意できる、議論の余地なき唯一の事実——だがそれゆえ同語反復的なことではあるが——とは次のようなものだ。それは、自然の学の条件と同様の意識の条件とは現象の安定性である、という事実である。安定性ということの事実、および意識の条件と同様の学の条件についての規定については、むろん、何者もそれに異議を唱えることはできない。けれども、私たちがこれ以降「必然論的推論」と呼ぶことになる推論については、そうではない。すなわちそれは、法則の安定性それ自体が、その強制的な条件として法則の必然性を想定している、という推論である。こうした推論について、私たちはいまや、その構造と諸前提とを精査しなければならないのだ。

自然法則の安定性、すなわち今日まで決して誤りと見なされてこなかった自然の斉一性の原理の安定性という異論の余地なき事実から、その斉一性の必然性へと推論がなされるのはいかなる理由によるのか。安定性という事実、今日まで誤りと見なされてこなかったように思われるのだから、実際きわめて一般的であるその安定性という事実から、存在論的な必然性に移行することを許容する論理とは何なのか。こうした論理を支持する必然論者の推論は、以下のように定式化される。

1　もし法則が実際に理由なく変わりうるものであるならば、すなわち、もし法則が必然的なものでないとするならば、法則は理由なく頻繁に変わるだろう。

2　ところが、法則が理由なく頻繁に変わることはない。

3　したがって、法則が理由なく変わることは起こりえない。言い換えれば、法則は必然的である。

自然の（実際のところ明白な）安定性の事実を表明する第二の命題には、誰も異を唱えることができない。この推論を評価するあらゆる努力は、それゆえ第一の命題の帰結に関わらざるをえない。というのも、この帰結が「反証可能な」ものであるならば、前提の不完全さによって推論自体が挫折するであろうから。この帰結は法則の偶然性から——すなわち法則が変化する可能性から——法則の変化の実際の頻繁さを結論づけている。こういった理由から、この帰結を、頻度の帰結［*implication fréquentielle*］と

（6）カテゴリーの客観的演繹は、『純粋理性批判』第一版では「概念の分析論」の第二章・第三節を構成している。*Critique de la raison pure*, op. cit., p. 188–196; AK, IV, p. 86–95.〔カント『純粋理性批判』上巻、前掲書、一九一－二〇二頁（A 115-130)。〕一八七八年の版では、同章の第二節、§一五から§二四、とりわけ§二〇から§二一を占めている。*Ibid.*, p. 197–213; AK, III, p. 107–122.〔同前、二〇三－二二四頁（B 129-157)。〕一七八一年の客観的演繹に関する一貫した注釈としては、次を参照。J. Rivelaygue, *Leçons de métaphysique allemande*, Grasset, 1992, tome II, p. 118–124.

名づけることにしよう。可能な変化から頻繁な変化へと帰結が推移するのを真と見なすのみで、必然論者の推論は真と見なされるわけである。この推論を失効させるためには、いかなる点において、またいかなる厳密な条件によって、この帰結自体が拒否されうるのかということを明らかにする必要があるし、またそうするだけで十分である。

最初に、頻度の帰結が、因果的必然性に対する常識的な信念ばかりでなく、因果的必然性を護持するカントの議論をも支えていることを理解しておこう。常識的な見方のように、もし自然法則が偶然的なものならば、それは「知れ渡っていたはずである」ということや、あるいはカントのように、それが知れ渡っていたならば、私たちはもはや何も知りえないだろうと考えることは、いずれの場合においても、法則の偶然性は結果として自然法則の十分に頻繁な変化を伴うはずで、その結果その偶然性は経験において明らかに示される、つまりは、あらゆる経験の条件を破壊する、と主張することだ。常識的なものとカントのもの、双方のテーゼは、同じ議論に立脚している。つまり、偶然性は、頻繁な変化を帰結する。そして、偶然性について推論される頻度の強度の差によってのみ、二つの立場は区別される（常識的な場合では、明白ではあるが低い頻度であり、カントのテーゼにおいては、破壊的な高頻度である）。つまり私たちはこうした帰結に対して結論づけるのを遅らせて、その帰結を明白にするものは何なのかを問わねばならないのだ。カントにとってそれはあまりに明白であったので、カントはそれをまったく正当化せずに使用したように思われる。だがそれは、多くの常識的な人々や、物理的必然性の支持者の大部分と同じだと言えないか。

この点を分析するにあたっては、ジャン＝ルネ・ヴェルヌの著作『偶然理性批判』が私たちにとって貴重なものとなるだろう。(7) 十七世紀の哲学者たちのような簡潔さで書かれたこの短い論考の手柄は、ヒユームとカントの双方が、法則の必然性を自明のものと見なすときに受け入れていた暗黙の論理の本性を明らかにしたことである。けれども、ただちに明確にしておくが、ヴェルヌにとっては、この論理は正当なものなのだ——つまりヴェルヌは、自然法則の必然性に対する信念を基礎づけられたものと見ている。ヴェルヌの企ては、ヒュームとカントにおいて暗黙のものであるに留まっていた論理の本性を明るみに出し、その真理の意味をよりよく把握することにある。ところが、私たちにとってヴェルヌのテーゼへの関心は、まったく逆に、この論理に秘められたものを明るみに出しつつ——その真なる本性を示し——、ヴェルヌを通じて、その論理の弱点を成すものを発見できるかという点にかかっている。

ヴェルヌのテーゼは次のようなものだ。暗黙のうちに法則の安定性から必然性へと移行する推論の本質は、確率論者の論理、数学的な意味における確率論者の論理にある。先に引用したビリヤードのボールに関するヒュームの文章を思い出そう。ヴェルヌによれば、この箇所は、因果性の問題の——明らかな——源泉であると同時に、その合理的解決の——気づかれることのない——原理でもある。この問題はどこから来るのか。アプリオリに可能なもの、すなわち「想像的に」可能なもの——あるいは、より一般的に言えば、思考可能な［concevable］可能的なもの（無矛盾なもの）——は、経験的に可能的なものとは大きく異なっている、という点から来ている。カントによるアプリオリと必然性との同一化、経験的なものと偶然性との同一化とはまったく逆に、ヴェルヌ自身が言っているが、ここでは、アプリオリなものが私たちを偶然性に直面させるのであり、逆に、経験がそれに対して必然性を対置するのであ

（7） Jean-René Verne, *Critique de la raison aléatoire, ou Descartes contre Kant*, préface de Paul Ricœur, Aubier, 1982.

る。実際、謎は、ヒュームが言う「百にも及ぶさまざまな出来事」——ヴェルヌによれば、「実際は無限の数の(8)」異なる出来事と言えるだろう——が、因果のひとつの系列から、他ガスベテ等シイという条件で、アプリオリに帰結しうるということである。アプリオリには、ビリヤードのボールは幾千もの異なるしかたで無分別に動き回ることができる——しかし、経験においては、毎回、これらの諸可能性のひとつだけが実現される。衝突の自然法則に一致する可能性が、実現されるわけである。

けれども、そうなると、アプリオリと経験のこの違いから、アプリオリなものが誤りで、経験は偽りではないと結論することが、なぜ私に許されているのか。確かな必然性を開示するのは経験の恒常性であると私に肯定させ、アプリオリなものこそ真なる偶然性への道を開いていると私に肯定させないものは何なのか。それはまさしく、賭け事をする者に対し、いつも同じ面を上にするサイコロはきわめて高い確率でいかさまが施されている、という疑いを起こさせるような(それ以上のことは言えない)ものではないだろうか。では、他のものではなくむしろあるひとつの出来事が生じるためのいかなる理由もアプリオリに存在しないように配置された出来事の集合を考えてみよう。完全に均質で対称的であると想定されるコインやサイコロの場合がそれに当たる。そうしたコインやサイコロについては、いかさまではないしかたで投げたならば、あるひとつの面が上を向くようないかなる理由も存在していないと私たちはアプリオリに想定できる。こうした仮説と共に、出来事が起こることに対しての運を私たちが計算するとき(つまりサイコロやコインのどの面が出るのか)、私たちは次のようなアプリオリな原理を暗黙のうちに認めている——等しく思考可能なものは、等しく起こりうるものである。私たちが賭け事をするとき、ある出来事の確率や頻度の計算を可能にしているのは、こうした思考可能なものと可能的なものとのあいだの量的等しさである。今のような状況では、二つのうちひとつの出来事(たとえばサイコロの目や、コインの裏表や、回転するルーレットの目など）が他の出来事よりも優先して生じるような理由はもはやない（まさしく数学的な意味において）のだから、私は出来事が実際に起こる確率はまったく等しいと考えるしかない。また、この想定にもとづいて、最初の条件たる等確率によってすべて構成される、組み合わせの出来事（6の目が連続で出る確率や、ルーレットで「0」が三回連続で出る確率など）に関しても、確率計算をすることになる。

けれどもここで、一時間も私たちが遊んでいたサイコロが、つねに同じ目を出し続けていたと仮定してみよう。等しく可能な出来事は等しく起こりうるという原則により、私たちは、本当の偶然の結果としてそうなる確率はごくごく稀だと言うだろう。そのとき私たちは、ある原因が作用していて（たとえばサイコロのなかに隠された鉛の球）、それによってこの唯一の結果が必然化されている、と考えるだろう。あるいは、私たちが遊んでいるサイコロが、一時間ではなく、一生を通じて、いや、人類の記憶すべてを通して、同じ目を出し続けていると仮定しよう。さらに、このサイコロには六つの面どころではなく、一〇〇万もの、いや一〇〇京もの面があるのだと仮定してみよう。私たちはそのとき、ビリヤードのボールを前にしたヒュームの状況を再発見することになる。経験に与えられる各々の出来事に対して、私たちは、異なる無数の経験的な帰結（規定するのが空しくなるくらいの膨大な数）をアプリオリに考えて、そのどれもが等しく可能と思えるだろう。けれども私たちにはつねに同じ結果が「出る」、言い換えれば、同じ原因から同じ結果が出るのである。つまりヒュームやカントが法則の必然性を自明なものとして認めるとき、彼らはまさしくいかさまのサイコロを前にした賭博者のように推論しているのであって、ヴ

（8） *Critique de la raison aléatoire*, op. cit., p. 45.

エルヌが明らかにした次のような推論を暗黙のうちに認めているのである――すなわち、もし法則が実際に偶然的であるならば、偶然を統御している法則の観点からすれば、こうした偶然性が決してみずからを露わにしなかったのは不条理であろう、という推論である。それゆえ、隠されたものかもしれないが、結果の安定性を説明することができる必然的な理由が存在しなければならない。あたかもサイコロのなかに「巣篭もりした」鉛の玉のように。

必然論者の推論を統べる暗黙の原理はこうして明らかになったと思われる。この推論は、賭博者が宇宙の内部にある出来事（サイコロの投擲とその結果のような出来事）に適用している確率論的な論理を、私たちの宇宙それ自体に拡張している。そのような論理は次のように再構成できる。私は、私たちの物理的宇宙を、思考可能な（無矛盾な）無数の宇宙のなかのひとつの事例にする。無数の宇宙は、異なる自然法則で支配されている。そうした無数の宇宙においては、ビリヤードのボールは、私たちに固有の世界を統べる法則に従わないで、ボールを互いに飛翔させたり、融合させたり、無垢だがふてくされた女に変身させたり、赤くて銀色のたおやかなユリの花に変身させたりするかもしれない。つまり、私は精神によって、諸々の宇宙から成る大文字の《宇宙》であるところの《宇宙サイコロ》を作り出したのであり、それは無矛盾律のみに従っていて、その宇宙サイコロのそれぞれの面が、自然法則の何らかの集合によって支配されたひとつの宇宙に当たる。次いで、経験に与えられた状況に対して、私は精神のなかでこの《宇宙サイコロ》を転がしてみる（私は思考可能なこの出来事の続きをいろいろ考える）。だが、最終的に私は、生じる結果は（状況が同じであるならば）つねに同じであることを確認する。この《宇宙サイコロ》は、つねに「私の」世界という《宇宙‐目》を出す――衝突の法則はつねに遵守されるわけだ。あらゆる機会で、この《宇宙サイコロ》はつねに、同じ物理世界の「目を出す」――私のものである世界、日常つねに観察してきた世界である。私はすでに述べたが、理論物理学は確かに、私が住まう《宇宙-目》について予期せぬ新しいことを教えることができる。けれどもその教えは《私の宇宙》に関するより深い知なのであって、《宇宙それ自体》の偶然的な変化を言うものではないのだ。実際、《宇宙それ自体》はこれまで、斉一性の原理を決して破ってこなかった。最初の条件が等しければ、斉一性の原理によってつねに同じ結果が与えられてきた。そうなると、こうした結果の安定性がありえないというのはあまりに不条理と思われるから、私は、結果の安定性は偶然の事実にすぎないという仮説をとることはできない。かくして私は——たんにそう認められるからという、概してきわめて足早な推論で——必然的理由の存在を推論する。けれどもその必然性は、外-数学的であるのみならず外-論理的でもある。というのは、この必然性は、論理的-数学的に証明される必然性に付け加わる、補足的なものであるしかない。論理的-数学的な必然性が私に示したのは、反対に、ひとつの均質な《宇宙サイコロ》のみであった。つまりは、その各面が等しく思考可能である《宇宙サイコロ》なのであった。つまり私は、論理-数学的な象徴体系の必然性に加えて、結果における明白な「トリック」を説明できる（いかさまのサイコロの鉛の玉のように）唯一の必然性、すなわち第二のタイプの必然性——現実の、物理的必然性——でもって、必然性を二重化しているのである。この第二の必然性の源泉を「物質」と呼ぼうが（ヴェルヌがそうしたように）、「摂理」と呼ぼうが、私の自由である。とにかくこの源泉が、原初の謎めいた事実として残存し続けるだろう。

　要約しよう。ヒューム-カント的な推論は、《私たちの宇宙》内の出来事に適用された理論ではなく、《可能的宇宙の全体》における可能な事例として見なされる《私たちの宇宙》に適用された確率理論である。彼らの議論の中枢は、思考可能である可能的なものと経験的に可能的なもののあいだに数の上で莫大な隔たりがあることを認めながらも、そこから確率論にまつわる錯誤を次のような形で引き出すことにある（それが、頻度の帰結が正当化される源泉である）――すなわち、もし法則が実際に理由なく変化しうるのならば、法則が頻繁に変わらないでいるということはきわめてありえないことではないだろうか、という錯誤である――これは大げさに言っているのではない。それは次のように言わねばならないほどのことなのだ。すなわち――ここでヒュームからカントの立場になるが――、たんに私たちはそのこと〔法則が実際に理由なく変化しうること〕をもうすでに知っていたであろうというだけでなく、私たちはそれを知るための場所に決して存在しえなかったであろう、と言わねばならないほどなのだ。それほどまでにこの混沌は、意識と世界との相関性によって要請される最小限の秩序と連続性とを不可能にしてしまうかもしれないものなのだから。したがって必然性は、自然法則の持続可能性がそうであるところの、ひじょうにありえないと思われる安定性の事実によって証明されるのである。自然法則の持続可能性に対応する主観的な裏面が、科学を行うことのできる主体の意識なのだ。こうしたことが必然論者の論理であり、とりわけ、それを支える頻度にもとづく推論なのである。

* * *

こうした反論に対する思弁的な論駁に取りかかる前に、以上に対してよく知られた応答があるということを指摘しておかねばならない。その応答は、いかなる点において、私たちの世界が持続可能に存在しているのがたんに偶然の結果でありうるのかを示そうとするものである。この応答の原理は、生命あるものが明らかに目的的な存在であることを説明するエピクロス派の原理と同じものだ。最も複雑な有機体の出現は、期待することはできるもののきわめて確率が低い結果として考えられる（たとえば、ある表面に文字をでたらめに投げて『イリアス』の書物ができる可能性に匹敵する）。だがその結果は、十分に莫大な回数の試行ができさえすれば、偶然［hasard］の法則には適うものでもある。同じように、先の確率論者の反論に応答できるだろう。高度に秩序づけられた構造である私たちの世界は、カオス的なものが並外れた回数出現した結果であり、最終的に《私たちの宇宙》が安定化したのだ、という応答である。

しかしながら、私たちは必然論者の議論に対するこの回答に満足できない。理由は単純だ。つまり、この回答もまた自然法則の必然性を想定しているのである。偶然の概念自体も、不変の自然法則の条件下においてのみ思考可能なのだということを押さえておく必要がある。これはまさしくサイコロの投擲という範例が示している。偶然の帰結が形成されるのは、サイコロが投擲ごとに同じ構造を保つという条件、および投擲を実現する法則が一投ごとに変わらないという条件においてのみである。もし一投ごとに、サイコロが爆縮したり、球や平面になったり、その面を千に増やしたりしたら、どうだろうか。あるいは、一投ごとに重力の働きが止まってサイコロが飛び去ったり、逆に、地面の下に突き進んでいったりしたら、どうだろうか。そうなったら、いかなる偶然の帰結も確率計算も実現不可能になるだろう。だから、偶然というのもつねに、ある種の自然の変わらなさを想定しているのである。この偶然はそれ自体一種の自然法則でしかない、いわゆる非決定論的と言われる自然法則だ――これは、自然法則の偶然性を考えさせるものではない。だから、エピクロスの場合でも、原子の動きのわずかな偶然的［aléatoire］偏向を示すクリナメンは、自然法則の不変性を前提としている。すなわち、原子の特定の形（滑らかな原子や湾曲した原子などがある）、その種類がどれだけあるか、これらの物理的単位の不可分な性質、空虚の存在など——これらすべてがクリナメンによって変化させられることは決してないのである。なぜなら、それらはクリナメンが作動する条件それ自体なのであるから。

さて、必然論者の反論に対する私たちの応答は、物理的必然性をすべて剝ぎ取られてはいるが、法則の安定性という事実と両立可能な世界を考えられるものでなければならない。したがって私たちは、無矛盾律という純粋に論理的な必然性（私たちはこの必然性を事実論性の原理から導出したが、これはヒュームが唯一アプリオリな真理として認めたものである）を、いかなる瞬間においても、現実的な必然性によって二重化することのない議論を行わなければならない——現実的な必然性とは、等しく思考可能な選択肢のあいだでの優先の原理を打ち立てる必然性である。だが、必然論者の反論に対し、偶然によって応答しても、それはそれで、そうした優先の原理が導入される——なぜなら私たちは、ある偶然のプロセスの実現を可能にする既定条件の変更をつねに矛盾なく考えられるからだ（たとえば、サイコロの形や面の数、投擲をつかさどる法則の変化など）。付け加えると、こうした応答では誰も説得されないだろう。なぜならこの応答は、私たちが今まで、望ましい抽選結果を、いつでも異なる結果になりうるがそうはならなかった運［*chance*］のおかげで享受してきたということを、反論者に対して認めることになるからだ。つまり私たちは、私たち自身で先ほど不条理であると認定した世界との関係のなかに浸っていることになる、つまり、いついかなるときでも現実が無秩序にふるまわないかと恐れさせるような、そうした世界との関係である。

したがって、頻度の帰結に対する反駁は、世界の安定性が偶然［hasard］の法則に適うということの証明にその本質を置くべきではない。むしろその反駁で示されるべきは、自然法則の偶然性［contingence］は、偶然についての議論［*raisonnement aléatoire*］では到達できないということだ。エピクロス的な応答とは反対に、私たちは反論者に対し、彼らの議論の正当性を認めるべきではないし、実際の経験にそれを当てはめるのを認めるべきではない。そうではなく、私たちは、反論者が偶然と確率のカテゴリーを、正当な適用範囲の外において不当に使用しているのだと証明することで、彼らの議論自体を失効させねばならない。別の言い方をすれば、私たちが示さねばならないのは、偶然と確率のカテゴリーは物理世界の法則自体には適用できないものであり、そしてそうした状況で用いられる確率論者の議論はまったく意味を欠いているということだ。そうして私たちは、いかなる点において法則の安定性が法則の完全な偶然性と結びついているのかを示すことになる。またそれが明らかに「健全な確率論」に反することも示すことになる。また私たちはこのことを、絶え間ない無秩序に対する不条理な恐れを失効させることによって行う。なぜなら、この恐れは、まさしく自然法則を偶然に左右される概念にすることに立脚しているからであり、それによって私たちは、表象の実際の恒常性を常軌を逸した運の良さとして見なすようになる。別の言い方をするなら、私たちは、偶然の巡り合わせ［*hasard*］から本質的に区別されるものとしての、自然法則の偶然性［*contingence*］の概念を、入念にこしらえなければならないのだ。

さて、私たちは、この二つの概念の差異を、先に偶然〔の巡り合わせ〕についてなされた指摘のみから明らかにできるだろう。すなわち、自然法則の偶然性は偶然の巡り合わせと混同されてはならない、なぜなら偶然の巡り合わせとは、それを実現させる諸法則が前もって総体としてあることを想定しているからだ、と主張することによって。つまり、法則の偶然性とは、偶然の巡り合わせによる出来事が起こる、存在することを可能にする条件それ自体に影響を与えうるようなものなので、そうした法則の偶然性は偶然の巡り合わせのカテゴリーには包摂できない、と主張することができるだろう。そのようにして、頻度の帰結を失効させることになるだろう。頻度の帰結は、法則が偶然の投擲の結果であるかのように論じる一方で、法則が実はその投擲の条件であることは見ていないのである。しかしながら、原理において不正確ではないにせよ、こうした応答はひとを欺くものにもなりかねない。たしかに、この応答では、偶然性の概念を深めることなしに、それを何らかの反駁を避けたところに匿うことで満足しているようだ。偶然性とは何でないのかと言うこと（つまりそれは偶然の巡り合わせではない）に満足していて、それが何であるのかをより正確に言うために、必然論者による反論を用いることはしていない。ところで、事実論的存在論は、いわば「否定存在論」たらんとするものではない——つまり、私たちは、私たちが理解するところの偶然性は、あれこれの議論からはアクセス不可能なものだと主張したいのではなく、この偶然性という概念を次第に規定していき、豊かなものにしたいのである。ゆえに、事実論的思弁が直面するあらゆる困難は、カオスに関する何でもいいのではない条件の探求へと向きを転じなければならないし、それは私たちに障害を乗り越えさせてくれるだろう。それは、理由律から解放された、理性の原理そのものである。その漸次的な展開では、理由の不在ということの定立的で明確化された特性が示されることになる。ヒュームの問題に対する真に満足のいく思弁的解決では、それゆえ、カオスの明白な安定性の正確な条件がどこに存しうるのかを示さねばならないだろう。この条件によって私たちは、実在的必然性から解放された時間性の本性にさらに深く踏み込むことができるだろう。さて、後に見るが、そうした条件は存在する、それは、数学的な本性のものだ。問題となるのは、超限数［transfini］である。

＊＊＊

頻度の帰結に反対するために、私たちはまず、その本質的に存在論的な前提を探し当てる必要がある。実際、この頻度の帰結は、あるひじょうに正確な場合にのみ、かつとりわけ強い存在論的な仮説に従ってのみ、真である。なぜならそれは、可能的なものの存在と《全体》の存在を結びつけるものであるからだ。というのも、この確率論者の推論は、アプリオリに可能的なものが思考可能なのは、数的な全体性［*totalité numérique*］においてである、という条件においてのみ妥当性をもつからである。

たしかに、頻度の帰結は、それが「機能」して正当であり続けるために、思考できる可能的なものの濃度［cardinal］を正確に決定する必要はない。思考できる可能的なものの数が、実験＝経験された可能的なものの数を越えると想定されればされるほど、確率論者の誤りは強化されるだろう。そしてあらゆる場合において、実験＝経験された可能的なものよりも、思考できる可能的なもののほうがはるかに数が多いということは明らかである。だが、可能的なものからなるこの全体が有限であるか無限であるかを知ることは重要ではない、なぜなら確率論を適用するに、無限は障害にはならないからだ。経験において直接に与えられたひとつの対象でさえ、実際は、私に、無限について確率計算をする機会を与えることができる。考察される対象の連続的な性質に結びついたこの無限性は、探求される出来事について何かはっきりした評定を下す可能性を無にするものではない。長さの決まった一本の均質な紐が、両端から等しい力で引っ張られているという例を取り上げてみよう。私はその紐がどこかの点で切れるという確率を定立的に計算できるが、とはいえ、いかなる「切れる点」であれ、紐の上に理論的には無限に存在している。それらの点は「次元をもたない」のだから。そうなると、紐はいかなる点においても切れることはないというパラドクス（なぜなら、紐の上の点は「次元をもたない」と想定されるので、そのうちのひとつで切れるのは、無限分の一の確率になる）を避けるためには、この紐から任意の短い切片を選び、可能的なものの数が自然数である場合に確率が有効であるのと同じくなるよう、そこに確率を改めて適用できるようにすればよい(9)。

したがって、頻度の帰結が機能するためには、矛盾なく思考できる可能的なものの全体が存在していることを想定して、次にこの全体が、その濃度がいかなるものであれ、物理的に可能な出来事の総体よりも甚だしく大きいと措定することだけが必要なのである。だがそれは、推論が正当であるためには、ある条件が満たされる必要があって、その条件は避けて通れないものだ、ということでもある――すなわち、思考できる可能的なものの全体がまさしく存在している、ということが条件なのだ。諸々の可能世界の集合（今しがた述べた、私たちの《宇宙サイコロ》が、実際に、直観はできないにせよ思考できるものとしてあり、その集合のただなかで、私たちは、確率論的推論を、《私たちの宇宙》に内的な対象（サイコロや紐）から、《宇宙それ自体》へと延長して働かせることができる、と想定せねばならない。というのも、確率論的推論が思考可能であるための条件とは、事象の全体が思考可能であることであって、その全体のただなかにおいて、可能的な事象の数に対する起こるべき事象の数の比を決定するという頻度の計算が働くことができるわけである。事象の集合という考えを取り除いてみよ、分析される出来事がそこから引き出される《全体-宇宙》の観念を取り除いてみよ、そうすれば、確率の推論は意味を欠くことになる。

確率論的推論、すなわち、頻度の計算に従うものとしての偶然の巡り合わせの観念それ自体は、それゆえ、数的全体性の観念を前提としている。その全体性が《私たちの宇宙》に内在しているとき、その全体性は、直接的なしかたで（ひとつのサイコロの面の数、紐の切片の数）、あるいは非直接的なしかたで――所与の現象についての頻度の観察という迂回を通じて――、私たちの経験の内部に与えられる。けれども、私が確率論的推論を全体としてある《私たちの宇宙》に適用するときは、思考可能なものもまた、事象の全体性を構成していると考えることが正当であるというふうに私は前提している――おそらく経験のなかにあるいかなるものもそのことを証明してくれないが。私は思考可能なものについて数学的な仮説を作る。私はそれを――いかに膨大なものであれ――集合として考える。私はそこから諸々の可能世界の集合を作る。なぜなら、可能的なものを《全体》として思考することは正当であると、私はアプリオリに考えているのだから。

ところが、これからアプリオリであることをもはや保証されないのは、この思考可能なものの全体化なのである。実際、私たちは、これはカントールの集合論以来のことなのだが、思考可能なものが必然的に全体化可能であるという肯定を私たちに許容するものは何もないということを知っている。というのも、カントールの革命の本質的な要素は、数の非全体化にあったのであり、その非全体化の別名が、超限数なのである。

この点に関し、私たちにとって決定的であったのは、アラン・バディウの重要な著作、とりわけ『存在と出来事』である[10]。バディウの主要なテーゼのひとつは、彼が――彼固有の規定を介して――カントールの定理のもつ存在論的な射程を主張したということだ。バディウはそれを、〈存在としての存在〉

（9）離散的また連続的な（有限また無限の数の可能的事象に適用された）確率に関する明晰な紹介としては、次を参照。J.-L. Boursin, *Comprendre les probabilités*, A. Colin, 1989.

（10）Alain Badiou, *L'Être et l'événement*, Seuil, 1989.

の非全体化の数学的な思考可能性を明らかにするようなやり方によって主張した。私たちは、この非全体化の存在論的射程をバディウ自身が行ったやり方によって解釈することはしないが、いずれにせよ、私たちが必然論者の推論に内在する存在論的条件を引き出す手法を発見することができたのは、バディウの独自のプロジェクトのおかげである。というのも、『存在と出来事』の力線のひとつは、計算的理性をその限界から数学自体によって解放することにあるからだ――これは、より優位であると想定される哲学的思考の領域の名のもとで計算を外部から批判するよりも強力なものである。これによって、また彼の思考のその他数多くの面によって、アラン・バディウは、哲学自体がもつ創設的な決定に、その深部において、もう一度力を与えた。というのも、プラトン以来、哲学と数学の根源的な同盟を再解釈することで起こったのではない哲学の大きな画期などないからだ。私たちはそう信じているが、バディウもまた、哲学と数学の二つの論証性の特権的なつながりの意味について新たに説明を行うよう、人々を招集したのである。

　私たちとしても、初めに、次のようなテーゼを通してバディウのような身振りに忠実であろうと努めていた。すなわち、偶然性と偶然の巡り合わせを厳密に区別させる数学的な道が存在しているのであって、その道こそが超限数なのである、というものだ。

　超限数の問題を、最も簡潔に、可能な限り明晰にするために、次のような定式化を行うことができる(11)。すなわち、集合に関する「標準的な」公理系（あるいはZF、すなわちツェルメロ＝フレンケルの理論と言われるもの）は、カントールの仕事を起点に二〇世紀前半に漸進的に洗練され、無限量がひとつに閉じることなく諸々の無限量へと複数化することを、最も注目すべき性質としてもつようになった。直観的なレベルでは、「カントールの定理」と言われるものは、次のことを表明する。何らかの集合を考えて、その要素の数を数えてみよ。次いで、これらの要素から可能な限りの再集合を形成し（二つずつ、あるいは三つずつ集めるなど、また「ひとつずつ」の再集合を作ってもよいし、その集合まるごとの「全体」の再集合を作ってもよい）、その再集合の数と、もともとの要素の数を比較せよ。そうなると、つねに次のような結果となるだろう。すなわち、ある集合aの再集合（あるいは部分集合）の集合bは、つねにaより大きい――たとえaが無限集合であったとしても。[12] つまり、もともとの集合の濃度よりも、つねにそのたびごとに大きい濃度をもった諸々の無限集合の上限なき連なりが構成できるのである。これが、アレフ数の列、あるいは超限数の濃度の列と言われる。けれども、この列それ自体は全体化されえない、すなわち、それはある究極の「量」に結集されることがないのだ。実際、この量的な全体化は、もし存在するとしても、それはそれで、部分を再集合化する〔冪集合化する〕ことによってその全体が凌駕されるはずである。あらゆる量を含んだ全体集合Tは、Tの部分集合から得られる量を「内包する」ことが決してできない。それゆえ、この「あらゆる量の量」は、思考によって把握されるには「大きすぎる」ものとして措定されることはない。それはたんに存在しないものと見なされる。標準的な集合論の公理系においては、量化可能なもの、ひいてはより一般的なレベルで思考可能なもの――すなわち集合一般――は、何らかの構築の対象となり、整合性の要請にしたがう証明の対象となるものであるが、《全体》は形成しないのである。なぜなら、この思考可能なものの《全体》とはそれ自体、論理的に思考できないものだからである。それがカントールの超限数からここで引き出せる翻案である――思考可能なものの〔量

（11）ここは『存在と出来事』の以下の省察と関連させることができる。すなわち、省察一から五、七、一二から一四の部分。そしてとりわけ無限の多様体が複数あることを述べた二六。

化可能な）《全体》とは、思考不可能なものである。

そうなると、ヒュームの問題を解決する戦略は、次のようなしかたで言える。

私たちは、非全体化の公理系が可能な唯一のもの（すなわち思考可能な唯一のもの）であるとは主張しない。したがって、私たちは、集合論の標準的な公理系においては可能的なものは全体化不可能であるとしても、可能的なものがつねに全体化不可能である、と主張するわけではない。なぜなら私たちは、思考可能なものがひとつの全体性であることもまた思考可能である、ということをアプリオリに否定できないからだ。所与の公理系において非全体性が思考可能であっても、そのことは、ひとがもうひとつの別の公理系、頻度の帰結がなおも正当であるような公理系を選択することを妨げはしない。公理系とは仮説上複数あるものであって、集合に関する標準理論も——それがいかに卓越したものであっても——そうしたもののひとつでしかない。したがって、複数の可能世界が、数的に決定された究極の全体性を成しているような公理系を選択する可能性をアプリオリに禁じることはできない。けれども少なくとも次のことには同意すべきではないか——すなわち、いずれにせよ、私たちは可能的なものが全体化不可能であると考える手段を私たちに与える公理系をひとつ所有している、ということだ。そうなると、そのような公理系のもつ真理を想定できるという単純な事実によって、私たちは必然論者の推論を失効させることができる。また、その公理系によって、自然法則の安定性という事実に神秘的なしかたで上乗せされた自然法則の必然性の存在への信頼についても、あらゆるその信頼の理由を失効させることができる。


たしかに、少なくとも集合論の公理系は、可能的なものが《全体》として存在することについての本質的な不確実性を私たちに示している。ところで、この不確実性のみが、必然論者の推論を決定的に批判して、その基本的な公準を破壊する。もし私たちが法則の安定性からその必然性へとただちに移行できるとすれば、それは可能的なものがアプリオリに全体化可能であるということに疑いを抱いていないからである。しかしながら、この全体化は、せいぜいのところ、あらゆる公理系の結果ではなく特定の

（12） 数学者ではない読者にカントールの定理のより正確な考えを説明するために、単純な例を取り上げることにしよう。ある集合bについて、bのすべての要素が集合aに属しているならば、集合論の公理においては、集合bは集合aの部分集合と見なされる。{1, 2, 3}という三つの要素からなる集合aがあるとしよう。そして、aのすべての部分集合が含まれる集合をbとする、これは$p(a)$〔冪集合〕とも表記される。集合bはどんな要素を含むだろうか。bはまず、三つの単集合{1}、{2}、{3}を含む。aのこれらの部分集合は、aの要素（すなわち1, 2, 3）と同じものではなく、それらの要素だけを含む集合ひとつひとつへの再集合化である。aの要素のうちただひとつしか含まないものが、aの極小の部分集合なのである。次に、部分集合という用語の最もよく用いられる意味が来る――{1, 2}、{1, 3}、{2, 3}といった、aの三つの要素のうち二つを含むものである。最後に、{1, 2, 3}というaの極大の部分集合、すなわちa自体と等しいものがある。部分集合についての集合論的な定義によれば、aのすべての要素はまさしくaに属するのであるから、aはつねに自己自身の部分集合である。最後にこのaの部分集合のリストに空集合を加えなければならない（標準的な理論はその存在を提起しており、またその唯一性も証明されている）。空集合、いかなる要素も含まない空虚は、特定の集合に属する要素もまた含まないという意味で、あらゆる集合の部分集合である（この点については、『存在と出来事』の第七省察を参照。p. 100 *sq.*）。要素を計算すると示されるように、この場合、$p(a)$はa自体よりも多くの要素を含む（つまり三つではなく八つの要素を含む）。

カントールの定理は、何らかの集合を――それが無限集合であっても――再集合化した数が、要素の数を超えて「氾濫」することを一般化したことにその特筆すべき点がある。そこから、諸々の量の増殖を停止することが不可能だということが生じる。なぜなら、存在を想定されるあらゆる集合について、そのすべての部分集合の集合によって量的な超過が起こることが想定されるからである。

公理系の結果でしかないので、私たちは頻度の帰結が確実に価値あるものだと判断することができない。私たちは、サイコロの目を全体化するように可能的なものを全体化する正当性について、完全な無知のなかにある。そして、こうした無知は、経験においてすでに与えられている何らかの全体性の外部に確率論的推論を拡張することの非正当性を証明するのに十分なのである。実際、もし私たちが可能的なものの全体が存在するかしないかについてアプリオリに（論理 - 数学的な方法の使用のみによって）判断できないのであれば、私たちは確率論的論理にもとづく主張を経験の対象のみに限定すべきであって、カントが客観的演繹において暗黙のうちにそうしたように、それを《私たちの宇宙》の法則にまで拡張すべきではない。あたかも《私たちの宇宙》が必然的により上位の秩序の《全体》に必然的に属していなければならないと私たちが知っているかのように、そうするべきではないのである。二つのテーゼ（可能的なものは数的に全体化可能である、あるいはそうではない）はアプリオリに思考可能であるから、経験のみが確率論的推論の妥当性を私たちに保証してくれる。経験は、均質と想定される対象（サイコロや紐を直接経験することを通じてであれ、あるいは統計的な研究（目録化された現象のタイプに固有の平均値や頻度を作成すること）を通じてであれ、確率論的推論が機能するために必要な全体性の効力を保証するものとなる。つまり、私たちが所有する、そうした確率論的推論を正当化する諸々の全体性は、《私たちの宇宙》のまさしくただなかで――つまり経験という道を通じて――与えられねばならない。かくして、法則の必然性に対するカントの信念は、確率論的な理性を経験のたんなる限界の外部へと適用しようとする越権的な主張として斥けられることがわかる。

というのも、まさしく、確率を私たちの経験の限界の外部へと不当に適用することによって、カントは――『第一批判』で何度も繰り返されているが――法則の偶然性という仮説から、それが頻繁に変更される必然性を主張する。たとえば次の一節は、可能的な偶然性に関する推論から、その作用の頻度の必然性への移行をとりわけ綿密に示している。「仮に経験的な概念による総合の統一〔つまり、とりわけ現象への因果関係の適用：筆者注〕がまったくもって偶然的であるならば、そしてもし仮に、それが統一の超越論的な原理に基礎づけをもたないものであるならば、現象の塊が私の魂を満たしても、いかなる経験もそこから生じないということが起こりうるのではないだろうか。けれども、そうであったならば、普遍的で必然的な法則によるつながりが欠けることになるので、認識から対象へのあらゆる関係は消失するであろう。その結果、それは思考における空虚な直観にはなるだろうが、決して認識になることはなく、認識から対象への関係も、私たちにとって、あたかもそんなものは存在しないというふうになってしまうであろう」(13)。カントはこのように、現象界の法則の実際の偶然性から、きわめて無秩序な現実の変化を結論づける――それはきわめて無秩序なので、必然的に、認識の、つまりは意識の可能性さえをも破壊するに至るほどの現実の変化である。だが、カントはどのようにして、偶然的であると想定される法則が変化する実際の頻度を決定できているのだろうか。カントは、この頻度が常軌を逸して重大なものであるから、それが科学の可能性やさらには意識の可能性さえをも破壊しかねないということを、どのようにして知るに至ったのか。いかなる権利において、偶然的な法則が稀に変化するという可能性――本当のところきわめて稀なので、このタイプの変化を認める機会は今まで誰にもなかった――をカントはアプリオリに排除しているのか。それを可能にしているのは、カントが、確率の計算を私たちの

(13) *Critique de la raison pure*, op. cit., p. 186; AK, IV, p. 83-84. 強調は引用者による。〔カント『純粋理性批判』上巻、前掲書、一八八頁（A 111）。〕

世界のなかの所与の現象にではなく世界総体に対して適用することから来る権利である――つまりカントは、可能的なもののアプリオリな全体化をしており、そのことが以上を可能にしている。しかし私たちはカントール以来、そうした全体化には、論理的または数学的ないかなる必然性も認められるものではない、それにはまさしくいかなるアプリオリな必然性もないと知っているのである。(14)

＊＊＊

ヒュームの問題に対する私たちの歩みはどのようなものであったか。また、それに対する解決をいかなる程度進めることができたのだろうか。

私たちは問題を再定式化することから出発した。同じひとつの因果系列から「百にも及ぶさまざまな出来事」が結果として生じうる、というヒュームによる想像上の仮説は反駁すべき空想の産物であると前提しないで、私たちがその仮説の真理を信じるにあたって妨げとなっているものは何か、ということを私たちは探究した。なぜなら理性は、逆に、執拗にその仮説を認めるよう私たちに促していると思えたからだ。そうした〔ヒュームの仮説は斥けられるべきだという〕前提の源泉には、法則そのものに適用された確率論的推論があるということに私たちは気づいた。そしてその推論は、決して正当化することのできないものであった――なぜならその推論は、思考できる可能的なものは《全体》を成すという条件にもとづいており、これは仮説でしかなく、決して確実なものではないのだった。

したがって、私たちは、可能的なものが全体化不可能であるということを確かに示したわけではなく、可能的なものが《全体》を成す／成さないという二つの選択肢からひとつを引き出した、すなわち第二の選択肢を選んだのであり、私たちはそれが選択されるべき明確な理由をもっているのである——明確な理由があると述べたのは、まさしく第二の選択肢によって、私たちは、理性が私たちに示すもの——自然法則は必然的なものをまったくもたないということ——を正確にたどることができ、第一の選択肢に内在する謎にこれ以上わずらわされないで済むからである。というのも、可能的なものを全体化する者は、頻度の帰結を正当化し、つまり現実的な必然性に対する信念の源泉を正当化するのだが、結局は何びともその理由をわからないのである。そういう者は、自然法則が必然的であるということ、および、

（14）偶然的な理性の合法的な限界をこのように逸脱することは、辰砂《しんしゃ》に関する有名な箇所においても明らかなことだ。カントはそこで、自然の法則の必然性が存在しないという仮説を立てた直後に、そこから自然にとって何が結果として起こるかを推論する。「もし辰砂があるときには〔ドイツ語では bald「すぐに」：筆者注〕赤く、あるときには黒く、あるときには軽く、あるときには重かったら。もし人間があるときには動物のような形態に姿を変え、あるときには別の形に姿を変えたら。ひじょうに長い一日のあいだに、田舎があるときは果物に包まれ、あるときは氷や雪に覆われるとしたら。そうなると、私の経験的な構想力は、それらの思考のなかで、赤い色の表象とともに重い辰砂を受け取る機会を得ることが決してないであろう（…）」。*Critique de la raison pure*, op. cit.: AK. IV. p. 78.〔カント『純粋理性批判』上巻、前掲書、一八〇頁（A 100–101）。〕

ここにおいて法則の偶然性の結果として提起されているのは、まさしく頻繁な変化（カオス的な数多の出来事を生み出すに十分な「ひじょうに長い一日」）である。それは辰砂の議論の目的性自体によって明らかにされる。実際カントにとってこの箇所で重要なのは、自然法則の客観的な必然性を、私たちがそれに主観的に慣れることのみによって説明するヒュームのようなやり方は不条理だということを証明することである。なぜなら、カントによれば、もしそのような客観的な必然性が私たちがもちうる習慣に先立って存在しないとするならば、経験的所与の十分に持続する規則性がなくなり、私たちは何であれ何らかの出来事に慣れる機会をもつことさえ決してできないだろうからである。

必然的に存在しているのがどうしてこれらの法則であって他ではないのかは誰にもわからない、と主張するだろう。反対に、可能的なものを非全体化する者は、法則の安定性を考えることはできるが、それを謎めいた物理的必然性によって二重化することはない。したがって、オッカムの剃刀が、現実的な必然性に対して適用されるのである。現実的な必然性は、世界を説明するに無益な「存在」となるのだから、それなしで済むし、これには神秘を廃止する以外の損害はないのだ。こうして私たちは、ヒュームの問題の解決によって、事実論性の原理に全面的に同意するための本質的な障害を取り除くことができる——法則の偶然性から、表象の実際の偶然的な無秩序をつねに結論づけるという、かの超越論的な反論を、いまや目録に入った詭弁の一種として遠ざけることによって。

＊＊＊

「偶然の巡り合わせ hasard」（アラビア語の *az-zahr*）という語と、「偶然的・確率的 aléatoire」（ラテン語の *alea*）という語は、共に類縁性のある語源に帰着する。「サイコロ」、「サイコロの投擲」、「サイコロ賭博」という語源だ。つまり、二つの概念はどちらも、賭博と計算という分かち難く結びついた——対立しない——テーマを呼び寄せるものである。確率の計算はあらゆるサイコロ賭博に内在する。存在を偶然の巡り合わせであるとする同定によって思考が占められるたびに、《全体たるサイコロ》というテーマや（すなわち、可能的なものの数が変化せずに閉ざされていること）、賭博における明らかな無根拠というテーマ（人生の遊戯性、表層を優位として見られた世界の遊戯性）が姿を現す。だが、これらと同時に、頻度を冷酷に計算するという主題（生命保険や、価値評価可能なリスクの世界など）も形をとる。可能的なものの数が閉じられているという存在論をとるならば、私たちは必然的に、計算技術しか真面目なものと受け取らないような、重力を嫌悪する世界のなかに置かれることになろう。

反対に、偶然性〔contingence〕という語は、ラテン語の *contingere* すなわち到来するという語を語源にもつものだ。つまり、偶然的なものとは、到来するものなのだが、それは、私たちに到来するほどに十分に到来しているものなのである。それは、要するに、何かが最後に到来するときを意味する。他の何かが到来し、それは、すでに数え上げられたあらゆる可能性から逃れて、ありそうもないことも含めてすべてが予見可能である賭博の、その虚しさに終止符を打つのだ。何かが私たちに到来するとき、新しいものが私たちの喉元をつかむとき、計算は終わり、賭けも終わる。そしてついに、真面目なことが始まる。けれども、この事態の肝心な点は――そしてそれが『存在と出来事』を導く直観を成していたのだが――、計算も賭けることもできない出来事についての最も強力な思考は、それでもなお数学的であるような思考なのであり、芸術的な思考でもなければ、詩的でも宗教的でもないということである。まさしく数学の道を通ることによって、私たちはついに、そのつねに新しい力で、量というものの道行きを変え、ゲームに終わりを告げる。

＊　＊　＊

私たちはこうして、先の議論の展開に照らし、事実論的歩みの一般的な意味を把握することができる。私たちのプロジェクトは次のように定式化できる――私たちは、形而上学的な諸問題の現代的な解消〔*dissolution*〕を、同じそれらの非‐形而上学的な沈殿〔*précipitation*〕によって代えようとしている。この置換の意味を簡単に説明しよう。

現代の哲学者たちの多くは（と言っても、哲学者の数は減るばかりだが）、ヒュームの問題、あるいは「なぜ何かがあるのであって無ではないのか」を知るという問いの前に置かれたとき、いったい何をするだろうか。哲学者たちは総じて、肩をすくめるのに最も有効なやり方を探すだろう。哲学者たちはあなたに、あなたの問いにはいかなる謎めいたところもない、なぜならその問いは提起されてさえいないのだから、ということを示すだろう。つまり、哲学者たちは思いやりをもって、飽くことなくデュシャン風でウィトゲンシュタイン風の身ぶりを反復し、問題が存在していない以上、謎など存在していないということをあなたに理解させようとするだろう。こういった哲学者たちはあなたの「ナイーヴな」――形而上学的だったり、独断論的だったり等々の――問いを解消しようとする、そうした虚しい問いかけの源泉（言語的だったり、歴史的だったり等々の）を明らかにしながら。厳密に言って、哲学者たちが関心を抱くのは、そうした「偽問題」が提起されるのはいかにして可能であったか（そしていかにして今日でも可能か――あなたがその証であるわけだ）を知ることなのである。

形而上学の終焉は、今なおこの種の解消の歩みとおおむね同一視されている。形而上学的問題はもはや問われるに値しない。なぜならば、それは問題の姿をとっているにすぎないからであり、あるいは、どうしようもなく古びて失効した問題であるから。あるいはまた、それはときとして、形而上学なるもの自体についての問題にすぎないから。けれども私たちはいまや、形而上学的問題は解消不可能であるという今日の信念は、理由律に対する永続化された信念の結果でしかない、という理解をしている。なぜなら、〈思弁とは、現にこのようにある存在がそうであるための最後の理由を発見することである〉と信じ続けている者のみが、〈形而上学的問題はいかなる解決の希望も与えない〉と信じているからである。形而上学的問題への解答の本質は、原因を、必然的な理由を発見することにある、と信じている者のみが、その問題が決して解決を受け入れないということを見積もれるのであり、しかも十分な権利でそうできるのだ。いまや私たちは、思考の限界をめぐる言説は、形而上学を否認しつつ保持すること〔*maintien dénié*〕から来ているのだということを知っている。したがって私たちにとって、形而上学の真の終焉は、古来の問いの沈殿物を解消から救い出し、それに至高の正当性を与える企てとしてその姿を現すのである。なぜなら、形而上学の問題を解決することで、私たちは、形而上学の本質はその根本的な公準を捨て去るのでなければ解決できない問題を生産し続けることにあった、という理解を得られるのである。ただ、理由律を放棄することでのみ、それらの問題に意味が与えられるのだ。

　したがって、事実論の本質は、〔形而上学的問題の〕解消という歩みをそれ自体失効した歩みだとして捨て去ることにある。なぜなら、解消の公準――すなわち、形而上学的問題は、問題ではなく偽問題であって、それが解決を受け入れうるものであると想定することはいかなる意味もない偽の問いである、という公準――は、私たちが理由律を放棄するにつれて崩れていくからだ。反対に、形而上学的問題はつねに真の問題であったということが明らかになる。なぜなら解決を受け入れるものだからだ。だが、形而上学の問題が真の問題であるのは、正確かつきわめて限定された条件のもとにおいてのみである――その条件とは、私たちに〈なぜそれがそうであって別様ではないのか〉と問いかける形而上学的問題に対しては、「いかなる理由もない」という答えこそが真の答えなのだと理解することである。「私たちはどこから来たのか、なぜ存在しているのか」という問いに対して、笑い飛ばしたり、微笑をもって応じるべきではない。「無からである、いかなる理由もない」という答えこそがまさしく答えなのであるという注目すべき事実をよくよく反芻するべきなのである。そしてこの事実から、こうした問題がまさしく、優れて卓越した問題であったということを発見すべきなのである。もはや神秘的なものは存在しない。それは、問題が存在しないからではなく、もはや理由が存在しないからである。

＊＊＊

しかしながら、私たちが提起したヒュームの問題の解決に戻らねばならない。なぜならこの解決は、本当のところ、私たちを満足させるものではないからである。すでに見たように、この解決は、原理的には非カント的なものだった。この企ては、自然法則の実際の偶然性についての思考可能性を確立することであるからだ。しかしこの解決は、賭けどころにおいて反 - 超越論的であるにしても、それ自体として十分に思弁的であるとは言えない。なぜなら、これまでに展開されたテーゼはまさしく存在論的であり、たんに現象にではなく即自的なものに立脚していると主張するものであり、また、可能的なものの脱全体化を主張しつつのものであったが、しかしながらそれは、存在論的な仮説という資格で展開されたにすぎなかったからである。実際、私たちはこの非全体化の実効性を確立したわけではない――私たちはたんにそれを想定したのであり、そのような想定が可能であるという事実から帰結を引き出しただけなのだった。別の言い方をすれば、ヒュームの問題に対して提起された解決は、事実論的思弁［spéculation factuale］の観念を直接に放棄させるものではないが、それ自体が――真正な資格として――思弁的推論によって生み出されたものではない。というのも、ヒュームの問題に対する本当の事実論的解決［résolution proprement factuale］は、事実論性の原理それ自体から可能的なものの非全体化を導出することを要請するだろうからである。私たちとしてこの解決を練り上げるためには、整合性〔矛盾許容論理で言われる意味での〕や、あるいは「ある il y a」の導出を素描したようなやり方で、形成素の資格における《非-全体》を導出する必要があるだろう。このことは、整合性を絶対化したようなしかたで、超限数を絶対化することに帰せられるだろう。すなわちそれは、超限数をたんに、数学的に定式化され、思弁的なものに有利に採用された仮説として扱うのではなく、それを、偶然的存在の明白な条件として思考することであるだろう。だが、明らかにこの解決は、私たちが論理的な必然性について確立しようと試みたことを、数学的な必然性についても行えるということを想定している。ならば、カント的なタイプの物自体ではなく、「デカルト的な」タイプの物自体を発見できるようにならねばならないのではないか。すなわち、思考の存在から独立であると想定される実在について、もはや論理的にだけではなく、数学的に復元することの絶対論的射程を正当化できるようにならねばならない。カオス――それが、唯一の即自的なものである――が実際に生み出しうる可能的なものは、有限であれ無限であれいかなる数によっても計測されることはないということ、そして、このカオスの潜在性の超-莫大性が、目に見える世界の完璧な安定性を可能にしているのだということを明らかにせねばならないだろう。

しかし、予想されることだが、この導出は、整合性の導出よりもいっそう複雑で、そのうえ、もっと危ういものにしかならないかもしれない。なぜなら、その導出は、ロゴスの一般的な規則ではなく、特定の数学的な定理を、偶然性の絶対的な条件として確立することになるからである。したがって、ヒュームの問題についての仮説的な解決のみに留まって満足しておくほうがより賢明であると思われる。なぜなら、この解決によって、物理的な安定性にもとづく反論、すなわち、理由律をはっきり手離さないための唯一の「理性的な」動機を十分遠ざけられると思われるからである。けれども、もうひとつの問題が私たちのこうした慎重さを禁じる——すなわち、それはまさしく、祖先以前性の問題である。なぜなら、すでに見たように、祖先以前性の問題を解決するには、数学的言説の絶対性を断固として確立しなければならないのである。つまり、私たちには、まだ混乱したやり方かもしれないが、いまや二つの問題が数学の絶対論的射程に結びついているように思えるのだ——すなわち、原化石の問題とヒュームの問題である。私たちに残されているのは、その二つの問題を明らかに関連づけることで、非-形而上学的な思弁の任務がどこに存するべきかを正確に定式化する、という作業である。

第五章　プトレマイオスの逆襲

　第一章で記述した祖先以前性の問題、また原化石の問題は、次のような一般的な問いに関連している。すなわち、世界に対する人間のいかなる関係よりも前であると想定される世界のデータを扱う科学的言明の意味を、私たちはいかに理解すべきなのだろうか。あるいは世界に対する――生物そして／あるいは思考の――関係を、他のあらゆる出来事と同列でしかないひとつの事実として――すなわち時間的な継起の起源としてではなく、その途中の道標として――時間のなかに書き込むような言説の意味を、私たちはいかにして考えるべきだろうか。科学は、そのような言明をどうして単純なしかたで思考できるのか、また、私たちはいかなる意味において、そこから結果的に生じる真理を、以上のような言明に対して認めるべきなのか。

　私たちはまず、この問いを正確に定式化しなければならない。さらに踏み込んで考えるならば、原化石の問題は、実は祖先以前的な言明にのみ限定されるものではない。というのも、それは思考と存在の時間的不一致〔*décalage temporel*〕において意味をもつような言説すべてに関わっているからである。したがって、人類が出現する以前の出来事に関わる言明だけでなく、人類の消滅以後において可能な出来事に関わる言明もまた、そこでは問題となる。というのも、たとえば地球上の全生命を滅ぼす隕石の衝突についての気象学・地質学的な帰結をめぐる仮説が、そもそもいかなる意味の条件にもとづいているのかを規定しなければならない場合に、先の私たちの問題は同じく提起されるだろうからである。このような〈世界 - への - 地上的 - 関係〉の以前ないし以後における出来事に関わる言明を一般的に特徴づけるために、私たちは隔時性［*dia-chronicité*］という言葉を用いることにするが、これは先のような言説の意味作用それ自体に関わる、世界と〈世界 - への - 関係〉のある種の時間的な隔たりを示すものである。かくして私たちにとって問題なのは、隔時的な言明一般が有意味であるための条件だということになる。

ところで、実を言えばこのような問いかけは、科学についての一部の言明にのみ——あるいは、たとえば年代推定の科学に限定されるような、ある一部の研究にのみ——関わるものではない。なぜなら、隔時性においてたえず問われているのは、まさしく経験科学一般の本性だからである。実のところ隔時性の問題は、科学が地上の存在と思考との時間的な隔たりを実質的に立証したという事実に結びついているのではなく、むしろ問題の本質は、そもそもの始めから近代科学がそのような可能性を方向づけていたということにあるのだ。私たちにとって重要なのは、事実問題——すなわち、隔時的な言明が証明されるか反駁されるかという事実——ではなく、権利問題である。つまりそれは、そのような言明の証明ないし反駁に意味を与える、言説の地位の問題のことだ。なるほど、権利上、科学は人間と世界の共時性を発見しえたのかもしれない——なぜなら数理物理学と（人類は宇宙と同じくらい古いという）そのような仮説の両立可能性をアプリオリに禁じるものは何もないのだから——が、そのことは、私たちがそれでもなお隔時性の問題を提起するのを妨げることはなかった。というのも、ここでの本質的なポイントは、たとえ科学がそのような共時性を過去すでに発見していたのだとしても、科学はまさしくそのことを的確に発見しただろうということにあるからだ。これが何を意味するかと言えば、数理科学としての近代科学が、思考と存在のあいだにありうる時間的隔たりの問いを開くことを可能にした――つまりそれに反駁を加えるためであれ、確証を与えるためであれ、その仮説を道理に適ったものへと変え、その仮説に意味を与え、扱えるようにした――ということなのである。ところで、私たちにとって重要なのは、科学の言説がもつこのような能力――隔時性の可能性に意味を与えること――であり、この可能性が確立されたり、斥けられたりすることではない。私たちはすでに祖先以前性〔をめぐる議論〕によって、近代哲学が今日の科学におけるある種の言説について思考することの困難を浮き彫りにすることができた。だが、ここでの私たちの狙いは、ガリレイ主義の特性ないし本質的特徴と思われるものに、すなわち自然の数学化に関わっている。

　この、ガリレイ主義の特性が帯びる性格を正しく把握するためには、それが隔時性をめぐる言説にもたらした前代未聞の影響力を理解しなければならない。もちろん、サイクロプス、タイタン、あるいは神々のような、人間に先立って存在していたかもしれない対象についておしゃべりするために、私たちは経験科学の出現を待つ必要はなかった。だがその出現以来、近代科学がそもそものはじめから示してきた根本原理は、その言明が認識過程に取り込まれるようになったという事実のうちにある。この種の言明は、神話、神統記、あるいは作家たちの幻想に属することをやめ、現に行われる実験によって立証ないし反駁されうる仮説へと転じたのである。ここで「仮説」という言葉を用いたのは、先の言明に固有なある種の検証不可能性を暗に示すためではない。明白なことだが、私たちが言わんとしているのは、隔時的な言明が指し示す出来事が人間の経験の存在以前・以後のものである以上、それに対するいかなる「直接的」検証もありえない、ということではないのだ。こうした「直接的検証」の不在は、現実的に、それ以外の——すべてではないにせよ——多くの科学的言明にも当てはまる。というのも、無媒介的な経験によって私たちにアクセス可能な真理などごくわずかなものであるし、科学とは一般的に、単純な観察ではなく、段階的に洗練されてきた計測方法によって取り扱われ、数的に処理されたデータにこそ依拠しているからだ。以上のような言明を仮説という言葉で呼ぶにあたって、私たちはその認知的価値を低く見積もるのではなく、反対にそれに十全な認識的価値を与えるべく努めよう。実のところ経験科学とは、人間の発生以前に存在したもの、あるいは存在しなかったもの、そして人間に続いて発生するであろうものを扱う合理的議論という発想にはじめて意味を与えた言説なのである。理論というものは、つねに改良や修正が可能である。だが、前述の隔時的なものに関する理論が存在しうるということは、近代の知によって可能になった瞠目すべき特徴なのである。以来、私たちがいまだ存在しないうちから存在したものや、私たちがすでに存在しないときになお存在するであろうものについて反論を加えることが意味をもつようになった——そして、私たちのいない世界の本性に関わるあれこれの仮説を、合理的に選択する手段が得られた——のである。

だが以上のように、もしも科学こそが隔時的な認識を可能にしているのだとしたら、それは科学がみずからの言明の——少なくとも非有機的なものを扱う言明の——総体を、隔時的な観点から考察可能にしているからである。事実、ある自然法則の真偽が、私たちの存在そのものを通じて打ち立てられることはない。私たちが存在するかどうかが、その真理に影響を与えることはないからだ。むろん、量子物理学における一部の法則に当てはまるように、観測者の存在が、出来事の実現に結果として影響を及ぼすこともある。だが、観測者が法則に影響を及ぼしうるということそのものが、およそ観測者の存在に左右されるとは想定されていない、法則がもつ特性のひとつなのである。繰り返せば、ここでの本質的なポイントとは、科学がただちに実在論的であるということではなく——というのも、あらゆる言説もまたそうなのだから——科学は私たちが存在しないときに存在しうる事柄についての認識の手続きを開陳するものであり、この手続きこそが、科学のオリジナリティを構成するものに——すなわち自然の数学化に——結びついているということなのである。

この点をより明確にしていこう。数学と世界の結びつきを理解するにあたって、ガリレイがもたらした本質的な修正とはいかなるものであったのだろうか。現象を幾何学的に記述することは、少しも目新しいことではなかった。というのも、ギリシアの天文学は、天体の軌道をすでに幾何学的な用語によって描写していたからである。ただし後者の記述は、現象のなかの「ただちに幾何学的な」部分に関わっていた。つまりそこでは、ある軌道の変更不可能な形、ある領域の規定された面、言い換えれば不動の広がりが数学に委ねられていたのである。他方、ガリレイは運動そのものを、とりわけ見かけ上は最も変化しやすい運動——地上の物体の落下の運動——を数学的な用語によって思考していた。彼はそこから、位置と速度の変化量を超えた、運動の数学的な不変量、すなわち加速度を明らかにしたのだ。以来、世界は余すところなく数学的に処理されることが可能になった。もはや、数学的に処理できないもののなかに大部分埋め込まれた世界の一部分（表面、軌道、すなわち運動体の表面や軌道にすぎないもの）が数学的に処理可能なのではなくなった。数学的に処理可能なものは、それ以来、自律性を伴った世界を——すなわち、風味、匂い、熱さのような感覚的な質から独立して、運動としての物体を記述することができるような世界を——意味するようになったのだ。デカルト的延長の世界——それは実体の独立性を獲得した世界であり、あるいはそれ以来、私たちがそこに何らかの結びつきを見いだすべき具体的な、生きた関係に対応するものとはいっさい無関係に思考しうる世界である。そのとき、もはや高さも低さもない、中心も周縁もない、さらには人間のために何ものも生み出さないような氷河の世界が、近代人の前に現れたのである。そのとき世界は初めて、私たちにいかなる具体性も与えずに存続しうるものとして出現したのだ。

人間から分離可能な世界を開陳するという、この数理科学の能力――デカルトが全力を投じて理論化した能力――こそ、ガリレイ的転回とコペルニクス的転回の根本的な融和を成立せしめた当のものである。コペルニクス的転回という言葉によって私たちが言わんとしているのは、実のところ、太陽系のなかにいる地上の観測者を脱中心化した天体的な発見のことではない。そうではなく、それは自然の数学化を主導したもっと根本的な脱中心化、すなわち認識過程のただなかにおける、世界に対する思考の脱中心化のことなのである。ガリレイ＝コペルニクス的転回の本質は、実を言えば二つの――天体的な脱中心化と自然の数学化という――出来事が、深いところで統合された出来事として同時代人に把握されたという事実のうちにこそある。そしてこの統合の本質的な意味は、自由思想家の名において、パスカルが無限の空間における永遠の畏怖すべき沈黙と見立てたものを、数学化された世界がみずからのうちに秘めていたという事実にこそあったのだ。すなわちそれは、私たちが存在しようがしまいが、それにいっさい影響を被ることなく持続し永続するという世界の力の発見だった。世界の数学化は、そもそもの初めから、人間存在にいっさい関わりのない、したがって人間がそれまでもちえたいかなる認識にも関わりのないものへと変化した世界についての認識を開示する可能性を、みずからのうちに秘めていたのだ。かくして、科学は、私たちの経験のあらゆるデータを隔時的対象へと、すなわち、私たちに与えられるか否かに無関係に存在する世界を構成するものとして私たちに与えられる要素へと変えてしまう可能性を、みずからのうちに秘めていたのである。したがって、ガリレイ＝コペルニクス的転回の意義とは、思考が存在するか否かに関わらず、何であれ存在しうるものについては思考することができるという能力を、矛盾をはらんだしかたで開陳することにほかならない。人間が自分たちとこの宇宙について生み出してきた表象のうちに、近代科学はある荒廃、放棄をもたらしたのだが、それは次の内容のうちに最も根本的な原因を有している――すなわちそれは、世界に対する思考の偶然性をめぐる思考、世界が思考されるかどうかには本質的に影響されず、思考なしでやっていく世界について可能なものとなった思考である[1]。

この命題の意味をはっきりさせておこう。私は次のように言った。すなわち、隔時的な言明は、まさしく近代科学の本質を示していた。というのも近代科学こそがそのような言明を――神話や無根拠な命題ではなく――認識の領野へと導き入れることを可能にしたからだ。こうした言明は、むろん、世界に対する人間以外の関係が存在しうるということに確証を与えるものではない。その言明によって示しうるのは、隔時的な出来事が、その存在と人間ならざるものとの関係の相関項ではなかったということ（神も生物も、人間以前の存在の目撃者ではなかったということ）だけだからである。とはいえこうした言明は、以上のような「目撃者の問題」が、出来事についての認識とは無関係なものになることを前提としている。より明示的に言えば、放射性物質の崩壊、あるいは星々の光の放出の原理は、私たちがそれについて思考するところのものにとって適切であるようなしかたで記述されるのであり、その目撃者がいるかどうかという問題が、その記述の妥当性に影響を及ぼすことはない。より正確に言えば、先の崩壊や放出は、たとえ人間の思考がついぞそれについて首尾よく思考することができなかったとしても、私たちがそれについて考えるところの内容と同一であるようなしかたで思考されるのである。これはいずれにせよひとつの可能な仮説でしかないが、それでも科学はこの種の仮説に意味を与えることができるのであり、それは認識する主体の存在についての問いとは無関係に、諸々の法則について言明する能力一般を示しているのである。

したがって、コペルニクス＝ガリレイ的転回に固有の脱中心化は、デカルトのテーゼに、すなわち数学的に思考可能なものは絶対的に可能であるというテーゼに服従する。だが注意せねばならない。ここで言う絶対的なものとは、必然的、あるいは本質的にイデア的であると想定された指示対象に狙いを定める、数学に固有の特性を意味しているのではない。そうではなく、ここで言う絶対性とは次のような内容を意味しているのだ。すなわち、所与のデータにおいて数学的に記述可能なあらゆるものは、まさしくそれを〈……に対する所与〉あるいは〈……に対する現出〉へと作り変える私たちが存在していようがいまいが、それとは無関係に永続しうると考えることは（たとえ仮定的にであったとしても）意味がある。そしてこの隔時的な指示対象は、つねに絶対的なものとして提示される偶然的なものだと見なしうるだろう。それは、ある出来事、ある対象、ある過程に含まれる不変性を構成するものだが、そこで問題とされるのは無条件的な必然性ではない――これは私たちの存在論には反しているだろう。だが、これに対して、あらゆる地上的な生よりも古い放射性崩壊を扱う隔時的な言明の意味は、それについて考察する思考とは絶対的に無関係である限りにおいてのみ思考可能である。したがって、数学的に処理可能なものが絶対的であるということが含意するのは、思考の外側に事実的な何かが実在するという可能性であり、思考の外側に必然的な何かが実在するということではない。数学的に処理可能なものは、あくまでも仮説としてではあるが、私たちからは独立して存在する、存在論的に破壊可能な事実として提示されうる。言い換えれば、近代科学は、私たちの世界すべてを数学的に定式化しなおすための、仮説的ではあるが思弁的な射程を私たちのうちに発見したのである。科学によるガリレイ＝コペルニクス的な脱中心化については、かくして次のように言うことができるだろう――数学的に処理可能なものを、思考の相関項に還元することはできない。

だが、ここである矛盾が、しかも実のところやや面食らわせるような矛盾が出現する。その矛盾とは

（1）しばしば言われることとは反対に、プトレマイオス的な宇宙論の終焉は、人間がもはや世界の中心にいるとは信じられなくなったときに、その面目を失うだろうということを意味しているのではない――というのも、この地上の中心という位置は、宇宙における、輝かしいというより恥ずべき位置、つまり世界における、この世の掃き溜めと見なされていたからだ。この点については次を参照。Rémi Brague, *La Sagesse du monde. Histoire de l'expérience humaine de l'univers*, Fayard, 1999, p. 219.

自然の数学化によって漸次的になされてきた反転は、むしろあらゆる特権的な視点の喪失、あらゆる存在論的な場の位階の喪失にこそ起因している。人間はもはや、みずからの環境に住まうことを可能にしていた意味を世界に充填することはできない。世界は人間なしでもやっていけるのであって、サルトルが言うように人間は「余計なもの」となったのである。

さらに付け加えれば、私たちがガリレイ主義という言葉によって言わんとしているのは、ガリレイによって創始された自然の数学化という運動一般のことなのであって、いまだプラトニズムの影響を被っており、《古代人》が宇宙を創造したという発想とついに手を切ることのなかった、厳密な意味でのガリレイその人の思想のことではない。これらの諸点――近代における自然の数学化とガリレイの思想――については、アレクサンドル・コイレの仕事が今なお不可欠である。*Études d'histoire de la pensée scientifique*, Gallimard, 1973; *Du monde clos à l'univers infini*, trad. R. Tarr, Gallimard, 1973.〔アレクサンドル・コイレ『閉じた世界から無限宇宙へ』横山雅彦訳、みすず書房、一九七三年。〕

次のようなものだ――哲学者たちは、カントが導入した思考における転回を「コペルニクス的転回」と呼んでいるが、しかしそれが意味するところは、私たちが定義してきたそれとは正反対のものなのだ。実際、よく知られていることだが、カントは『純粋理性批判』の第二版序文において、みずからに固有の思考における転回を打ち立てるべく、コペルニクスの転回をみずからのものとして引き受けている[2]。そして、批判を通じたその転回は、認識を対象に従わせるのではなく、対象を認識に従わせることをその本質とするのだ。だが、いまやよくわかるように、カントが導入した思考における転回は、むしろ「プトレマイオス的反転 contre-révolution ptolémaïque」にこそ比肩しうるものである。というのも、そこで問題となっているのは、かつて不動であると考えられていた観測者こそが実は観測対象である太陽の周りを回っているのだ、ということではなく、反対に主体が認識過程の中心に位置しているということだからである[3]。ところで、哲学におけるこのようなプトレマイオス的転回は、いかなる点にその本質を見いだし、いかなる目的に応じようとしていたのだろうか。〔カントの〕『批判』は、総体としての哲学に対して、いかなる根本的な問いを招き入れたのだろうか。そう、その問いこそ、近代科学における思考可能性の――つまり文字通りの、言葉の真の意味におけるコペルニクス的転回の――諸条件を発見することだった。別のしかたで言えば、近代科学の可能性の条件を理解することを企ての中心に据えた哲学者〔カント〕は、その当初の条件を廃棄することによって、その要請に応じた哲学者でもあるのだ。つまり、近代科学に固有のコペルニクス＝ガリレイ的な脱中心化は、哲学にプトレマイオス的反転をもたらしたのである。思考は、世界に対するいかなる関係とも無縁な、世界についての認識を現に開示する能力がみずからに備わっていることを、近代科学によって初めて発見した。これに対し超越論哲学は、この世界そのものと非－相関的なあらゆる認識の無効化を、物理科学における思考可能性の条件として示したのである。

この矛盾がはらむ「暴力性」を、すなわちそれが構成しているかに見える法外な結びつきを正しく理解しなければならない。カントの転回以来、「真面目な」哲学者であれば、近代科学におけるコペルニクス的な脱中心化の思考可能性の条件は、実のところプトレマイオス的な思考の中心化である、ということについて考えざるをえない。科学が、世界に対する関係とはいかなる関わりもなしに、世界への認識に達する能力を思考のうちに初めて発見したのに対し、哲学は、みずからの古き「ドグマ」そのものの素朴さの発見を通じて以上のような科学的発見に応じたのであり、後者は批判以前の形而上学の「実在論」を、決定的に時代遅れの概念的な素朴さというパラダイムへと転じせしめたのである。相関性を扱う哲学の時代は脱中心化を扱う科学の時代に対応しているのだが、前者は後者の解消そのものとして後者に対応しているのだ。というのも、哲学が相関性の諸相にかかずらうようになったのは、まさしく科学的事実に応じるためだったからである。つまり、科学によって思考が世界から脱中心化されるという事実こそが、思考がこの同じ世界に対してかつてなく中心化されるという様態のもと、この脱中心化について思考することを哲学に課したのである。科学を哲学的に思考すること、それは一七八一年（『〔純粋理性〕批判』の第一版刊行年）以来、哲学的なプトレマイオス主義こそが、科学的なコペルニクス主義の深層にある意味なのだという主張を擁護することになる。要するにそれは、近代科学における明白に

（2） *Critique de la raison pure*, op. cit., p. 78; AK, III, p. 12.〔カント『純粋理性批判』上巻、前掲書、三七－三八頁（B xxii)。〕

（3） この点については、たとえば次を参照。Alain Renaut, *Kant aujourd'hui*, *op. cit.*, p. 68–69.

実在的な意味が、見かけだけの、二次的な、派生的な意味にすぎないという主張を擁護することである。そうした「素朴」で「自然」な態度――この種の態度を採用することこそがまさしく科学の本質なのだから、それは単なる「誤り」の産物などではない――はしかし、繰り返せば、哲学者がそれを暴き立てることをみずからの務めとするような、原初的な世界に対する関係から生じる二次的な態度なのだ。

カント以来、哲学者として科学について思考するということは、科学によってもたらされる意味とは異なる――それよりも深く根源的な――別の意味が科学には存在し、それこそが私たちに真理をもたらすのだという主張を擁護することだった。そしてより根源的なこの意味とは、相関的な意味である。つまりそのような意味は、世界に対する私たちの関係とは無縁であるように見える要素群を、この関係そのものに関係づけるのだ。それは科学における脱中心化を、真の意味作用をもたらす中心化よりも下位に置く。さらに、当の哲学者自身もまた――これもやはり驚くべき否認なのだが――カント以来「コペルニクス的転回」と呼ばれるようになったものを、みずから遂行してきたと主張するのだ。哲学的なジャーゴンとしてのコペルニクス的転回が言わんとしているのは、科学におけるコペルニクス的転回の深い意味こそ、哲学におけるプトレマイオス的反転なのだということである。以下で私たちが近代科学の「分裂 schize」と呼ぶのは、こうした「逆転の逆転」のことである。それは、次のような事態を示している。すなわち、近代科学の到来によって引き起こされた知の序列における転回を、哲学が最も厳密なしかたで思考しようと試みたときにはじめて、哲学はこの転回の本質を構成していたもの――すなわち科学的な知における非‐相関的な様態、言い換えればすぐれて思弁的なその性格――それ自体を斥けるようになったのである。

今日でもなお、哲学者という「部族《トライブ》」に大きな影響を及ぼし続けているカント的転回の驚くべき特異性に、もう少々かかずらっておく必要がある。この転回の主眼は、第一に、認識の序列における科学の優位、すなわち形而上学に対する科学の優位を決定的なしかたで認めることにある。カントが、先人たちの誰よりもラディカルなしかたで考えていたのは、知の序列において形而上学から科学へとその証人が移行したという問題である。この哲学者の告白によれば、「認識の御者」はすでに形而上学者ではなく、科学者になったのだ。というのも、カント以来の形而上学は、科学的な実在に比肩しうる、あるいはそれよりも高次の実在に関する理論的な知をみずからが所有しているという主張を見直したからである。カント以来、哲学者たちはおしなべて次のことを認めている――すなわち科学が、そして科学だけが、自然についての理論的認識を形づくることができるのであり、もはやいかなる思弁的なメタ－自然学〔形而上学〕も、経験科学の手法によってアクセス可能な実在よりも卓越していると想定される実在（宇宙、魂、神）について、何らかの認識をもっていると自称することはできない。

だが、知の序列における証人が哲学から科学へと移行したことは、思考にとって前例のない誤解として、あるいはこう言ってよければ、まったく正反対のものとして現れた。哲学が、科学的な知の優位性をきわめて厳密に考えたときにはじめて、哲学はその知の革命的な特徴をなすもの――すなわちその思弁的な射程――をみずからが保持しているという考えを断念した。哲学が、次第に科学へと引き継がれていくみずからの移行について考えることを主張したときに、哲学は――かつて「時代遅れのドグマ」を放棄したように――対象「それ自体」を思考しうる力を放棄した。そして同時に思考は、まさしくそれと時を同じくして、初めて同じ科学の枠内で、認識の可能な地位に到達することができるようになったのである。科学は、みずからの脱中心化の力によって、思考におけるその思弁的な力を示したのだが、哲学のほうでは、科学のその力を認めたときに、あらゆる思弁の放棄によって――すなわちそのような転回の本質を思考するあらゆる可能性の放棄によって――同じくそれを示すことになったのである。それは形而上学から科学へと証人が移行するさいの「破局」として起こった。コペルニクスの科学は、哲学による思弁的形而上学の放棄を推し進めていったが、そのような放棄は、哲学による科学のプトレマイオス的解釈として科学のもとに回帰してきたのである。哲学は、要するに科学に対してこう言っていたのだ――あなたは（それはあなた〔科学者〕であり、思弁的な形而上学者ではない）認識の手綱を握っているが、この認識の深いところにある本質は、あなたの目に見えるそれとは反対のものなのだ、と。別の言い方をすれば、科学は、思弁的形而上学の哲学的な破壊を推し進めながら、それ自身の本質についての可能なあらゆる哲学的理解を破壊したのである。

ところでこの「分裂」は、カント以来、収まりを見せるどころか、たえず「悪化」してきたと言わねばならない。というのも科学が、いかなる人間にも先立つ世界へと向けて、ますます深い調査を進めていく思考の実質的な力を私たちのうちに発見する一方で、「真面目な」哲学のほうはといえば、カントによって創始された相関的なプトレマイオス主義をさらに悪化させていったからだ。つまり哲学は、相関性の軌道をたえず縮小していきながら、ますます還元的になっていくその空間から、ますます広がりを増していく科学的認識の領野の真の意味をでっち上げていったのである。「科学的」人間が、ますます古い隔時的出来事を発見しつつ、科学的な知による脱中心化を強めていく一方で、「哲学的」人間は、相関性の空間を、根源的に有限な世界‐内‐存在や、存在の時代や、言語の共同体や、「ゾーン」や、大地や、つねにより限定された住人のほうへと還元していったのである――しかし、にもかかわらず哲学者は、人々が彼らに見いだすその特殊な知によって、みずからに固有の知の教師にして所有者としての地位を保持し続けた。コペルニクス的転回がそのあらゆる尺度を供給していく一方で、哲学者たちは、人間の現状をめぐる認識をますます厳密な方向へと切り下げていくことで、自分の先行者たちの形而上学的な素朴さを容赦なく明るみに出しながら、哲学に固有の疑似コペルニクス的転回を助長していったのだ。そのようなわけで、今日の哲学者たちは、プトレマイオス的な狭小さにかつてないほど迫りつつあり、かつてなく広大で、目が覚めるようなコペルニクス的な脱中心化の真の意味をふたたび発見せんとしているのである。

私たちはどうしてそのようなところに行き着いてしまったのだろうか。カント以来、どうして哲学者たちは――そしてそれは哲学者たちだけのように思われるが――真のコペルニクス的転回である、科学におけるコペルニクス的転回を理解することができなくなってしまったのだろうか。いったいどうして、哲学は超越論的ないし現象学的な観念論とは反対の道を、すなわち数学がもつ非‐相関的な射程を――言い換えれば、思考を脱中心化する力として正当に理解された科学的事実そのものを――理解することが可能な思考の道を歩まなかったのだろうか。哲学はなぜ、科学を思考するために、思弁的唯物論［*matérialisme spéculatif*］へと断固として向かうのではなく――そうすべきであったにもかかわらず――前述のような超越論的観念論へと力を注ぐことになったのか。いったいどうして、科学から哲学に課されたより喫緊の問題は、哲学にとって、きわめてくだらない問題――すなわち思考は、思考が存在しないときにでも実質的に存在しうるものについて、いかにして思考しうるのだろうかという問題――へと変わってしまったのだろうか。

ところで見誤ってはならないが、その反主観主義的なレトリックがいかに執拗なものであれ、いかなる相関主義も、その真の意味を破壊することなしに隔時的な言明について思考することはできない。そしてそれが破壊される瞬間とは、まさしくより深い次元にあると想定された意味が掘り返されるときなのだ。すでに見たように、隔時的な言明の真の意味とは、実際まさしくその文字通りの意味であるが、同時にそれはより深い意味においても考えられなければならない。隔時的言明の意味とは、かつて出来事Xが思考の到来よりもはるか前に起こったということである。しかし銘記しておかねばならないが、かつて出来事Xが思考の到来よりもはるか前に起こったのは、思考のためではないのだ。というのも前者の言明は、出来事Xが、思考以前に、思考のために生み出されたということではなく、出来事Xがいかなる思考よりも前に、いかなる思考とも無関係に、生じるということが実質的にありうるということを思考しうるということだからだ。一方、いかなる相関主義も——それはバークリーの主観的観念論と混同されるべきではないという事実を延々と主張し続けてきたのだが——、そう、いかなる相関主義も、その言明の文字通りの意味こそが最も深いものであるということに同意することはないだろう。事実、存在するものは思考する存在に対するその与えられのさまざまな形式とは無関係に思考されうる、と信じることにいかなる意味もないという内容にひとたび同意するなら、科学が述べる言葉は、科学が述べうる最後の言葉なのだという事実に同意することはもはやできなくなる。そのとき、科学の究極の意味をその隔時的言明に見いだすことや、そのような言明が、その究極の意味として可能になる方法を把握することは、もはや哲学が担うべき仕事ではなくなるのだ。

相関主義は、事実、これまで検討したような選択肢に従って、科学的言説の隔時性を把握し直すことを余儀なくされる。

1　この先行性は、私たちの経験的存在とは同一ならざる思考の相関性である限りにおいてのみ、私たち人間存在に実質的に先行する。この立場から導き出される相関性の不滅化は、あらゆる経験的自我が死してもなお生き長らえると想定された、フッサール的な超越論的自我の不滅化に比較しうるものだろう[4]。

2　この先行性がもつ真の意味とは、ある過去が、ただ現在の思考によって、思考に先行するものとして与えられるという後方投射のことにすぎない。

さて、第一の選択（相関性の不滅化）が、形而上学への回帰（主観性を原初的なものであるとする規定の絶対化）にふたたび行きついてしまう以上、厳密な意味での相関主義はつねに、与えられを生きる現在からの隔時的な過去への後方投射だと結論づけられることになるだろう。その結果、近代における分裂——思考をめぐるプトレマイオス主義こそ、科学におけるコペルニクス主義の深い意味であるとするこ

（4）　ここで見たフッサールにおける自我の不滅化については、とりわけ重要な下記のテクストを参照せよ。というのもそこでは、あらゆる相関的なアプローチに固有の、科学におけるガリレイ主義のプトレマイオス的還元が明白に示されているからである。« L'arche-originaire Terre ne se meut pas. Recherche fondamentales sur l'origine phénoménologique de la spatialité de la nature » in *La Terre ne se meut pas*, Éd. de Minuit, 1989, trad. D. Franck, D. Pradelle et J.-F. Lavigne.〔フッサール「自然の空間性の現象学的起源に関する基礎研究——コペルニクス説の転覆」新田義弘・村田純一訳、木田元ほか編『現象学と現代思想——講座・現象学3』所収、弘文堂、一九八〇年、二六七-二九四頁。〕とりわけ、隕石衝突後の地上のあらゆる生命の破壊、という仮説をめぐる現象学解釈を含む一節を読まねばならない（p. 28-29）。「構成する生が抹殺される場合に、ばらばらに崩壊する大量の物質は空間のなかで、すなわち絶対的に均質でアプリオリに前もって設定された空間のなかで、いかなる意味をもちうるというのだろうか。いや、このような抹殺そのものがまったく意味をもっていないのである。そもそも抹殺ということに何らかの意味があるとするなら、抹殺とは構成する主観性による、そしてそのうちにおける抹殺であろう。自我は、現実的な存在者や可能的な存在者のすべてに（…）先行して生きている」（p. 28）〔二九二頁〕。

の分裂――は、先のような「混乱に陥った」過去、すなわちさまざまな方法によって思考にふたたび駆り出され、利用された過去を、その究極形態として示すことになるだろう。そしていまやこの分裂も、みずからの究極形態にあるように思われる。つまり人間‐以前の過去がもつ深い意味とは、それ自体が歴史的に位置づけられた人間の現在から出発した後方投射だということだ。科学が、自然の厳密な数学化によって、私たちに影響されることなく私たちを消し去ったり生じさせたりすることのできる時間を私たちのうちに見いだす一方で、哲学的時間は、そのような時間を、根源的に相関的な時間性の、世界‐内‐存在の、あるいは根源的とされる歴運性に対する関係の、「派生的」で「野卑」な「平準化」された形式へと縮減してしまったのである。[5] そして、隔時的過去を後方投射の相関関係へと変える発想が今日の思考をあまりに強く支配しているために、それはいまだ哲学者たちの手元にある、いくばくかの知の主要な部分をしばしば形作っているようにすら思えるのだ。前に到来するものは前に到来する、とあなた方は信じているだろうか。しかしそうではないのだ。なぜなら、より深い時間性、すなわち〈世界‐への‐関係〉よりも前であることそれ自体が〈世界‐への‐関係〉のひとつの様相から派生させられるような、より深い時間性が存在するからだ。〔それとは〕反対方向の時間性――それは、きわめて賢明な者たちを含む非‐哲学者たちの自然で素朴な態度が向かう、本来の方向である。この問題において、最も驚くべき事実は次のようなものだ。ここに見られるのはひとつの生成――すなわち前に到来するものが前に到来することをやめ、後に到来するものが後に到来することをやめるような生成――であるのだが、そこではいかなる考えが受け入れられていようと、真理を摑み取った者は、そのような反対方向へと向かうことができるのだ。先行者とは、それに続く者よりも前に到来した者のことだとあなた方は考えるだろうか。しかし、まったくそうではないのだ。先行者とは前に到来する者ではなく、後続者たちによって先に来たと確かめられる者だからである。したがって、先行者としての先行者は、後続者たちの後に到来するのだ……。なるほど、哲学者たちの奇妙な知恵は、しばしばこのような変転に――科学の時間に逆向きの時間を付け加える、ひっくり返された時間のでっち上げに――還元されるように思われる。この奇妙な知恵のおかげで、科学の時間性においては現に把握可能であったことを、私たちは把握することができなくなるのだ。どういうことかと言えば、科学はまさしく、前に到来するものは前に到来すると――そして私たちよりも前に到来するものは私たちよりも前に到来すると――考えるからだ。そして、科学によって明るみに出された恐るべき現出のパラドクス［*paradoxe de la manifestation*］を形づくるのは、この思考の潜勢力であって、それ以外のものではない。そしてこの現出のパラドクスこそ、この二世紀、哲学が徹底的に考えるべきだったものなのだ――すなわちその問いとは、あらゆる

（5）むろん、私たちはハイデガーにおける時間性の概念を――むろんそれだけではないが――念頭に置いている。ここで付け加えておくべきなのは、ハイデガーにおける現象学への依拠――いまだ完全に乗り越えられたことはないその依拠――が、世界と〈世界‐への‐関係〉、自然と人間、存在とその導師、といった二つの項を――共に「生き延びる」べく、ないし（おそらく？）「滅びる」べく定められたものとして――本質的に不可分なものとすることで、彼をきわめて問題含みである「有限性の相関主義」へと限定してしまったように思われることだ。この点については、いくぶん謎めいており、にもかかわらず雄弁な次の考察を引き合いに出すこともできるだろう。「私はよくこう自問するのですが――それは私にとって、長らく大きな問題となっています――人間なしの自然とはどのようなものであるでしょうか。それはみずからに固有の力をふたたび獲得するために、人間の周りを彷徨う（*hindurchschwingen*）ようなものではないでしょうか」（Lettre du 11 octobre 1931 à Elisabeth Blochmann, in *Correspondance avec Elisabeth Blochmann*, trad. P. David, Gallimard, 1996, p. 256.）（著者注：引用の翻訳には変更を加えた。）

実験に先立つ世界についての経験的認識はいかにして可能なのか、という問いである。(6)

私たちの問いに戻ることにしよう。カント以来、いったいどうして以上のような道が塞がれてしまったのだろうか。科学が、みずからに固有の可能性の条件を見いだしうるような思弁の形成を——それ以前には決してありえなかったような形で——要求したにもかかわらず、いったいなぜ、哲学的な思考の領野を独占すべくやってきたものは、思弁的思考の超越論的な拒絶であったのだろうか。この「カント的破局」——今日の相関主義はそれが悪化した結果にほかならない——の意味とは何なのだろうか。(7) なぜ哲学者たちは、これほどの長きにわたってこの相関主義の幻影に順応してきたのだろうか。なるほどそれは、かつてであれば科学革命の鍵を哲学者たちに与えると考えられてはいたが、次第にそれはみずからが述べることとまったく正反対のものであることを明らかにしていった。あるいはカントの言葉に耳を立ててみればよい。これは彼自身の吐露だが、いったい何がひとを「独断のまどろみ」から「目覚めさせた」のだろうか。(8) 思考におけるあらゆる形の絶対性を放棄するよう、カントおよび彼に倣ったあらゆる相関主義者に決意させたものとは、いったい何だったのだろうか。カントがはっきりと述べているように、それはデイヴィッド・ヒュームあるいはヒュームによって提起された因果的結合の問題である。すなわちより一般的に言い換えれば、それは理由律におけるあらゆる絶対的妥当性の破壊である。(9) いまや私たちは、カント的「破局」における三つの根本的契機の本質を、その根源に位置する幻影の本性として理解することができる。

1　コペルニクス＝ガリレイ的出来事は、自然の数学的認識——したがって、感覚的な質を剥ぎ取られた自然——という考え方を導入する。ガリレイ的な出来事を哲学的に初めて認めたのはデカルトであ

（6）これらの分析には、おそらく、ポール・リクールが『時間と物語』の「時間性のアポリア」と題された第四部・第一節において提示している分析と――そちらのほうがはるかによく展開されているが――類似した部分があるだろう。Paul Ricœur, *Temps et Récit*, Éd. du Seuil, 1983, t. III.〔リクール『時間と物語〈3〉物語られる時間』久米博訳、新曜社、一九九〇年。〕しかしながら、そちらのテクストを参照する読者は、二つのパースペクティヴの間に存在する（とりわけカントの解釈をめぐる）大きな差異に、おのずから容易に気づくことになるだろう。その最も主要な差異はまた、最も明らかな差異でもある。すなわちリクールのアプローチはアポリア的であり、私たちのそれは思弁的なものなのだ。

（7）この「破局」は、同じくカントの著作に即して、すなわち『第一批判』（一七八一年）が前批判期に構想された『天界の一般自然史と理論』（一七五五年）を回顧するさいに導入する緊張関係に即して検討しなければならないだろう。というのも、一七五五年におけるカントの宇宙進化論は――神や天使以外の――いかなる目撃者にも先立つ宇宙史を想定していたからだ。だが、ひとたび批判的な思想家となったとき、もしも神が理論的な知の対象ではなくなってしまったとすれば、ひとはそのような歴史の真理をいかにして思考することができるだろうか。そのような真理はたんなる統制的理念になってしまったのだと言ったところで、なんら問題は解決しない。なぜならこの理念は、いかなる人間主体も目撃者とすることのないような世界を、みずからの意味内容としているからだ（世界の始まりにおける物質的な先行条件が、そのことを明示的に可能にするわけではない）。結果、この理念は――時空間がその直観の可能な形式をなすところの――主体なき機械的かつ時空間的な出来事へと、そして批判そのものにとっての意味を欠いた出来事へと送り返されるか、それに対して相関的な出来事としての身分を割り当てるような、永遠の目撃者が現前することをみずからの意味として含むかのいずれかであることになる。だが一七八一年を境として、この目撃者は理論的認識の範囲の埒外になり、神の存在の道徳的な保証人である実践理性だけが、言い換えれば『第二批判』だけが、この宇宙進化論になお意味を与えることを可能にする。デカルトが言うように、無神論の数学者は、真の意味でそれを証明する者には決してなりえない。それと同じく次のように言わねばならないだろう――神を信じるのに十分な道徳性をもたないカント的な天文学者は、みずからの学問の妥当性を立証することはできないだろう……。

る。最初の等式は、物理学《フィジーク》〔自然学〕と形而上学《メタフィジーク》からなっており、それは自然の数学的認識と、思考にのみ帰属するものとしてのクオリアの認識という、デカルトが打ち立てた厳密な分割を貫いていた。要するにデカルトは、自然が思考を伴わないということ（したがって生を伴わないということ――なぜならその二つは彼にとって等価なのだから）と、思考が数学を介して、先の脱主体化された自然を思考しうるということを同時に認めたのだ。だが、数学のこの絶対的な射程は、どこまでも完璧で、誠実であるような神の存在を形而上学的に示すことに基礎づけられている。そしてこの神は、新たな学問の真理の力を唯一保証することができるような存在なのである。

2　さて、ガリレイという出来事を永続的なものにすることとは、古来のあらゆる形而上学的な知がまったくの誤謬であったということを示す一方で、物理学の形而上学的な基盤がすべて虚飾にすぎないことを示してもいる。ガリレイ的出来事は、実のところ数学による世界の脱主体化に基礎を置いているのではなく、現にある存在をめぐるアプリオリな知の破壊にこそ基礎を置いているのだ。私たちは、この世界に存在するものについての決定的かつ必然的な知を獲得できるのであり、ただそれを事実として構成しているのではないという発想は、科学が古き知を――デカルトの渦動説のように、新たな学問という名の下で主張されたものも含めて――破壊する能力を示すようになるにつれて失われていく。したがってヒュームという出来事は、ガリレイという出来事を哲学的には二度目に認めたことになるのだが、それは合理性をめぐるあらゆる形而上学の失効を、すなわち理由律の絶対性の失効を示すという形でなされたのだ。現に与えられたものは、無条件にそのようでなければならない、ということをアプリオリに打ち立てようと目指すあらゆる証明を、知は否定しなければならない。世界が現にこのようであるということは、ただ経験を通してのみ発見されるのであり、それは絶対的に必然的なものとして示されるわけではない。

3　そしてカントという出来事は、その極めつけの、しかも後々まで続く形で、先のような形而上学の崩壊を露呈させた。そして同時に相関的な認識を、哲学的に正統なものとみなされる唯一の認識形態へと変えたのである。相関主義は、唯一合法的な哲学の形式となった。それは私たちの〈世界-への-関係〉によって条件づけられるようになった知であり、その知は科学を、思弁的な形而上学を放棄したものとしてのみ――他方の科学はさまざまな普遍性を放棄することはなかったのだが――考えるようになった。もはやライプニッツが望んだように、無条件に必然的な真理（どこまで行っても完璧な、この世で最善の神）に到達することができない以上、私たちはあらゆる理論的な絶対性というものを諦めねばならないし、現象が与えられる一般的な条件を見つけ出すだけで満足しなければならない。別様に言えば、アプリオリな言明の可能性を救い出すためには、アプリオリであることを絶対的な真理に結びつけることをやめ、そこから表象の普遍的条件を規定しなければならないのだ。

かくして、この破局の大元をなしている幻影は、私たちが先に「脱-絶対論的な帰結」と名づけたものとしてのみ――

カントの『批判』と『一般自然史』の関係については次を参照。P. Clavier, *Kant. Les idées cosmologiques*, PUF, 1997.

（8）Kant, *Prolégomènes à toute métaphysique future qui pourra se présenter comme science*, trad. J. Rivelaygue, in *Œuvres philosophiques*, Gallimard, La Pléiade, 1985, vol. II, p. 23.〔カント『プロレゴメナ』篠田英雄訳、岩波文庫、一九七七年、一九-二〇頁。〕

（9）この種の吐露の歴史的価値に対する異議申し立てとしては次のものもあるが、だからと言って、その哲学的妥当性が減じられることはまったくない。Michel Puech, *Kant et la Causalité*, Vrin, 1990.

のであったことが明らかにされた。形而上学の終焉から絶対的なものの終焉へと向かうその成り行きは反駁不可能であるように思われた。私たちは、まったき形而上学というものが幻想であることを科学から学んだ。そしてまったき絶対性とは、形而上学に属する類のものである。だから私たちが科学について考える際には、あらゆる絶対性が斥けられねばならない。また、それと同じく、私たちは数学の絶対的な射程に対する信仰を斥けねばならない——その絶対的な射程は、実に、近代科学が思考にもたらした転回の本質そのものとして出現したのだった。私たちはこれまでカント的な破局に身を置き続けてきたのだが、その本質とはまさしく、あらゆる形の形而上学の棄却であると同時に、あらゆる形の絶対性の棄却でもあるのだ。

　しかし以上の内容は、近代科学が真に求めたことではなかった。なるほど確かに、かつてのあらゆる知を雲散霧消させていく力をもった科学は、私たちに次のように命じた。すなわち、ある所与の現実が——絶対的かつ必然的に——他でもなく現にこのようにあることを知が証明しうる、などと考えてはならない。しかし同じく科学が私たちに命じたのは、コペルニクス的な脱中心化という姿によって科学が思考に導入した、このもうひとつの絶対性について考えることだったのである。そのようなわけで、私たちは科学におけるガリレイ＝コペルニクス的な事実の本性を歪めることなく思考するために、かつてデカルトがそうしたように、数学の思弁的な射程について考える必要があるのだ。しかし今度は、デカルトのように形而上学的な主張に従うことなく——すなわちその射程に真理の根源的な様態としての地位を約束する、完璧な《存在》の実在を証明できるとする形而上学的な主張に従うことなく——事を進めねばならない。私たちの哲学の務めとは、もはや時代遅れの形而上学的な必然性に立ち戻ることなしに、数学の射程をふたたび絶対化する——相関主義に抗して、コペルニクス的な脱‐中心性に忠実であり続ける――ことだ。重要なのは、理由律をふたたび起動することなしに、デカルトのテーゼ――数学的に処理可能なものは絶対化可能であるということ――を断固として擁護することである。以上の仕事は、事実論性の原理にとって、可能であるばかりか喫緊の仕事であるように思われる。すなわちその仕事とは、たとえ仮説的なものであれ、絶対化可能な可能性を定式化するという数学的な言明に固有の能力を形成素としてもたらすことである。数学「なるもの」を絶対化すること、それは、私たちが論理「なるもの」を絶対化しようと試みたときと同じく、あらゆる存在者がもつ偶然性の必然性という条件を、あらゆる数学的な言明にも本質的な尺度として適用することを伴う。

この「カントの問題」とでも呼びうるような問題、すなわち自然の数理科学は可能かという問題を思弁的に定式化しなおすことの意義については、ここまでの内容で理解していただけただろう。私たちにとってこの問題は、いずれも数学の思弁的な射程をその賭けどころとする、しかし明らかに異なる二つの問いに振り分けることができる。

１　まず、カントの問題の思弁的解決は、祖先以前性をめぐる（あるいは隔時性をめぐる）問題の事実論的解決を前提とする。言い換えればそれは、あらゆる数学的言明は――それが数学的である限りにおいて――必然的に真であることはなく、絶対的に可能的なものにとどまるということを立証せねばならない、ということだ。つまりそれは、数学的に思考可能なものは絶対的に可能である、という先にも述べたテーゼを、事実論性の原理から導き出しつつ立証せねばならないということである。

２　さらに――ここで私たちは因果的連結の問題をめぐる考察に立ち戻るのだが――カントの問題は思弁的な解決を前提とするものの、もはやそれはヒュームの問題においてそうであったような、たんに仮説的な解決ではない。というのも、ここでは――あらゆる自然科学の条件である――自然法則の安定性が絶対化可能であると想定することの正当性を、等しく確立しなければならないからだ。すでに述べたように、経験科学が現に可能であるとすれば、それは自然法則からもたらされる事実が安定したものであるからだ。だが、ここでの私たちの理解によれば、もしも現代のプトレマイオス主義から断固として手を切ろうと欲するなら、このような安定性は思考から独立した事実として立証されなければならない。よってここで立証せねばならないのは、自然法則がみずからの事実的な安定性を、時間性がもつそれ自体絶対的な固有性、私たちの存在とは無関係な時間の固有性から――すなわち複数の可能的なものを非全体化するような固有性から――引き出しているということである。ここであらためて、数学の思弁的な射程を、しかし先ほどとは異なったしかたで立証することが問題となる。ここではもはや、絶対的ではあるが仮説的な射程を何らかの数学的言明から導出することが問題なのではない。そうではなく、絶対的でなおかつ条件なしに必然的な射程を、ある特定の定理から導出することが問題なのであり、そのことによって、超限数による非全体化を主張できるようになるのだ。

したがって私たちは、数学を二重に絶対化するという要求に直面している。一方の、隔時性をめぐる問題に固有の絶対化は、次のようなことだ。すなわち、あらゆる数学的言明は、ある存在者を、権利上は偶然的な、しかし人間のいない世界にも存在しうる――たとえそれが世界であろうと、法則であろうと、事物であろうと――ものとして記述する。よってここでは、存在的［*ontique*］と呼びうる絶対化が問題となっているのであり、それは可能で偶然的な、しかし思考とは無関係に存在しうるものとして思考可能な存在者にこそ関わっている。他方の、カントール的な《非 - 全体》の絶対化は、存在的というより存在論的な［*ontologique*］絶対化を想定している。というのも、そこでは何らかの可能な実在について言明を行うことではなく、可能性の構造そのものについて言明を行うことこそが問題であるからだ。そこではあれこれの可能な存在者ではなく、それ自体としての可能性が必然的に全体化しえないものであると述べることが問題となっている。これは、ある事実論的導出によって、次のことを立証しうると認めさせようとする——すなわち、さまざまの数学的公理系のなかで、超限数を拒否する、あるいは、すべての集合の集合の不可能性を拒否するような公理系が思考可能であるとしても、それは、《非‐全体》が他のさまざまな可能性のひとつでしかないということを意味するわけではない。これが意味するのは、一方にはさまざまな可能性が全体化可能であるような世界が存在し、他方にはそうではない世界が存在する、ということではない。ここで立証すべきは次のことである。すなわち、《非‐全体》を認める数学理論だけが存在論的な射程をもちうるのであり、他方で《全体》に何らかの思考可能性を認める理論は、ただ存在的な射程をもつだけである。後者の理論が扱う全体性、あるいは扱わない非全体性は、その理論が全体化可能な存在者、そして全体化可能な世界を記述しているという事実に帰せられるのであり、その理論は、諸世界の全体化不可能な存在〔それ自体〕を記述しているのではないのである。

いまや明らかなように、カントの問題を思弁的に解決するには、隔時性の問題とヒュームの問題の双方を解決しうる、数学の絶対論的射程の導出に従わねばならないだろう。第一の問題を解決するには——それなしでは科学がみずからに固有のコペルニクス的な意味を失ってしまうような——問題一般の思弁的解決がその条件となる。第二の問題を解決するには——それなしでは科学が現実の必然性の神秘のなかで失われてしまうような——問題一般の非‐形而上学的な解決が要求される。したがって、あらゆる形而上学を排除する思弁の空間そのものとして事実論を定義するならば、両者はともに、それぞれの問題の事実論的解決を要求しているのである。

以上のように定式化された問いは、いまだ曖昧なままに留まっていると思われるかもしれない。しかし私たちが目的としたのは、ここでその解決そのものを論じることではなかった。私たちの問題は、科学におけるコペルニクス主義と哲学におけるプトレマイオス主義の離別がきわめて深刻なものとなっている今、両者の分裂を維持している否認がたとえいかほどのものであれ、思考の絶対論的射程を再発見することは、可能であるのみならず、むしろ喫緊の課題であることを説得的に示すことであった。ヒュームの問題がカントを独断のまどろみから目覚めさせたのだとしたら、祖先以前性の問題が私たちを相関のまどろみから目覚めさせ、思考と絶対の和解へと導いていくということを望む余地もまた残されているのである。

訳者解説

本書は、Quentin Meillassoux, *Après la finitude. Essai sur la nécessité de la contingence*, Seuil, 2006, éd. revue 2012の全訳である。フランス語原著の初版は二〇〇六年であるが、英訳に際して若干加筆されており、それを反映させた新版が二〇一二年のものである。本書はその二〇一二年版の全訳である。初版からアラン・バディウによる序文が付されている。翻訳の分担は、序文・第一章・四章が大橋完太郎、第二章・第三章・解説が千葉雅也、第五章が星野太であり、全体を通して千葉が確認を行った。訳出にあたっては、レイ・ブラシエによる英訳も参考にした（Quentin Meillassoux, *After Finitude: An Essay on the Necessity of Contingency*, trans. Ray Brassier, Continuum, 2008）。

カンタン・メイヤスーの最初の一冊にして代表作である本書は、さほど長いものではないが、濃密に書かれた書物だ。アラン・バディウが序文で述べるように、これは一種の「証明」の試みに他ならない。何を証明するのか。ひとことで言えば、事物それ自体を思考する可能性があるということの証明である。カントの用語を使うならば、本書は、私たちを「物自体」へ向けて改めて旅立たせるものである、と紹介することもできるだろう。

事物を私たちがどう捉えているか、ではない。私たちの側の事情からすっかり切り離して、いわば

〈無人の物自体〉に思考を及ばせるということは、カント以来の近現代哲学では、きわめて困難な、いや、不可能なことになっている。そうなってしまって久しい。メイヤスーは、こうした状況認識において、哲学の新たなる方位を切り拓こうとするのである。

著者のカンタン・メイヤスーは、一九六七年生まれのフランスの哲学者であり、人類学者のクロード・メイヤスーの子、現在はパリ第一大学（パンテオン・ソルボンヌ）准教授である。以前は、パリ高等師範学校（エコール・ノルマル・シュペリウール）で教鞭を執っていた。博士論文は *L'inexistence divine*（神の不在）と題されたもので、主査はドイツ観念論、とくにヘーゲルの専門家であるベルナール・ブルジョワ（パリ第一大学、一九九七年）。この博士論文は、本書には含まれていない神の資格をめぐる議論であり、出版に向けて改稿が行われているとのことである。現時点では、抜粋であれば、英語・仏語で読むことができる。英語の抜粋は分量が多く、グレアム・ハーマンによる解説も付されている（Graham Harman, *Quentin Meillassoux: Philosophy in the Making*, Edinburgh University Press, 2011, 2nd ed. 2015 et Quentin Meillassoux, « L'inexistence divine », in *Failles*, no. 3, Nous, 2014）。本書の後には、マラルメの詩「骰の一振り」の分析である『数とシレーヌ』（Quentin Meillassoux, *Le nombre et la sirène. Un déchiffrage du Coups de dés de Mallarmé*, Fayard, 2011）、そして、講演にもとづく『形而上学と科学外世界のフィクション』（Quentin Meillassoux, *Métaphysique et fiction des mondes hors-science*, Les Editions Aux forges de Vulcain, 2013）が刊行されている。

メイヤスーの論文の多くには、すでに邦訳がある：「形而上学とエクストロ＝サイエンス・フィクション」（神保夏子訳、フローリアン・ヘッカー《Speculative Solution》のためのブックレット、ロビン・マッケイ編、東京都現代美術館「東京アートミーティング［第三回］アートと音楽――新たな共感覚をもとめて」、二〇一二年一〇月七日‐二〇一三年二月三日、現在でもPDFが公開されている、これの内容は、前掲の『形而上学と科学外世界のフィクション』と重複する）、「減算と縮約――ドゥルーズ、内在、『物質と記憶』」（岡嶋隆佑訳、『現代思想』第四一巻一号、二〇一三年）、「潜勢力と潜在性」（黒木萬代訳、『現代思想』第四二巻一号、二〇一四年）、「亡霊のジレンマ――来るべき喪、来るべき神」（岡嶋隆佑訳、『現代思想』第四三巻一号、二〇一五年）。また、インタビュー：「思弁的唯物論のラフスケッチ――わたしたちは如何にして相関の外へ出られるか」（黒木萬代訳、『現代思想』第四三巻一〇号、二〇一五年）。以上に紹介した文献はいずれも本書に結びついた面をもつものなので、関心に応じてぜひ参照されたい。

さて、物自体へ向けて改めて旅立つとは、どういうことなのか。

カントにおいて物自体は、実際にどういうものかはわからない（認識不可能である）が、あるにはある、存在するとは想定されるものであった。私たちに認識できているのは「現象」であり、それは、私たちの考え方に依存する形で現れている――目の前のこのコップも、物自体なのではなく、私たちの何らかの考え方、見方（この私たちの思考のOSのような次元をカントは「超越論的」と呼ぶ）に応じてそういうふうに形作られて見えている現象なのだ。私たちにとって世界はすべて現象なのであり、私たちにとっての世界＝現象的世界の外にアクセスすることはできない。これがカント的な前提である。

こういうカントの「批判哲学」ないし「超越論哲学」が、西洋哲学史において避けられない枠組みになって以来、私たちの考え方に関係なく物自体がどうであるかを真理として言えるという立場は、「素朴」実在論であるとして無効にされた。だが、世界はすべて現象なのだとは言っても、世界は不安定に変化する夢や幻のようなものではなくて、確かに客観性をもっているように思われる。物自体はあるにはある。しかし物自体は、認識はできない。この「あるにはある」とでも言うべきあり方がポイントで、カントの哲学においては、私たちに依存する物の現れ方と物の客観的な存在とが、独特の説明で両立させられている。が、その力点はやはり、世界の記述（このコップの性質は〜である、等々の）は、私たち自身の考え方の記述であるということのほうにあると言わざるをえない。

以上が哲学の「複雑な」性格であるとすれば、哲学者でない「普通の人」や、そして自然科学者の側では、事態はもっとさっぱりしているのではないか。たいがいの人は、自然科学に頼るならば、物の本質を確かに知ることができると思いなしているだろう。真理として物がどうであるかを調べられる、客観的知識を得られると思いなしているだろう。これに対し、いや、問題はそんなに「単純」ではないのだ、物をどうこう考えられる・言えること自体の条件つまり超越論的なものがあってね、と哲学者は、自分が固有に口出しできる余地を主張するのである（わざと嫌みな言い方をしている）。しかしそれにしても、私たちとまったく無関係な世界、たんにそれ自体で存在する世界がどういうものかをダイレクトに言うことは、本当に不可能なのか。カント主義は、何か罠のようなものであって、哲学者はずっとそこに捕らえられてきたのではないか——新たに疑問を立ち上げよう、カント主義を安易に捨てるのではなく、不可避なものとして経由しながらそこに何らかの出口を穿ち、いわば「一周回って」実在論を再建するとしたらどうだろうか……本書は、おおよそこんなふうに展開する、物自体への旅なのである。

世界は、私たちの考え方に依存する形で私たちに現れており、また逆に、世界の何かに関わっていない思考（思考だけの思考、純粋思考？）をすることもできない。思考と世界、世界と思考は、いつでも互いに「相関」していて、私たちはこの相関の外に出ることはできない。このことをメイヤスーは、本書で「相関主義 corélationisme」と名づけた。そして、カント以来（遡れば、バークリーの観念論以来）、近現代哲学の基本的前提は久しく相関主義であり続けてきたが、これは自然科学とは根本的に相容れないものだと見るべきである、ゆえに今こそ相関主義から脱出しなければならない、と大見得を切ってみせる。この大見得の鮮烈さによって本書は、瞬く間に、世界中で言及される話題の書となった。

本書は「相関主義批判」の書であり、相関主義批判を通して、非人間的な「実在」——これは「大いなる外部」と呼ばれる——への到達を目指すものである。

相関主義批判を画期的な方針として打ち出したことで、本書は、いわゆる「思弁的実在論 Speculative Realism」のバイブル的存在となった。思弁的実在論（以下、SRと略す）という名称は、二〇〇七年にロンドン大学ゴールドスミス・カレッジで行われたワークショップの題として掲げられたものである。そこに集った四人の論者：レイ・ブラシエ（Ray Brassier）、イアン・ハミルトン・グラント（Iain Hamilton Grant）、グレアム・ハーマン（Graham Harman）、カンタン・メイヤスーをSRのオリジナルメンバーと認めるのが慣例である。他には、ユージーン・サッカー（Eugene Thacker）やティモシー・モートン（Timothy Morton）らもこの思想運動（の周辺）に含まれるだろう。SRの論者の立場はさまざまであり、対立もあるが、大きく言えば、事物それ自体・世界それ自体を改めて主題化するという共通の方向づけをもっている。この方向づけを相関主義批判という形で原理的に追究したという点で、本書はSRのバイブル的存在なのである。SRのピークは二〇一〇年前後からしばらくの時期であり、現在（二〇一五年）では退潮したという指摘も目につく。本書は、SRの流行に結びついているとはいえ、そこから独立に、繰り返し読まれるべき強靱な仕事である。メイヤスーは、ポスト構造主義以後のフランス哲学に、明確に新しい一歩を印していると言って過言ではない。

ところで、先に「物自体への旅」という表現をラフに使っておいたが、物自体という用語は、カント哲学の用語として「認識不可能」の意味を含むものなので、メイヤスーの目的地については、それとは区別された言い方をするべきだろう。本書では、カント的な意味での物自体ではない、認識可能となった物自体を、「事物それ自体」「それ自体における事物」「実在」などと表現している。

相関主義の外部に存在する、非‐相関的な事物それ自体・世界それ自体のほうへ。非‐相関的＝それ自体、ということは、本書では「絶対的」と言われる。ラテン語の absolutus には「結びつきを解かれた」という意味があった。絶対的なものとは、私たちの主観から分離された、無関係なもののことである。こうした理解から始めるとして、問題は、絶対性概念のさらなる厳密な規定をどうするかである。

第一章「祖先以前性」においてメイヤスーは、相関主義の外部を言い当てている場合として、思考（と世界の相関性）がまったく発生していない世界、すなわち、人間や他の生命の発生以前＝「祖先以前的 ancestral」な世界について記述する自然科学の言明、たとえば、「地球は四五億六千万年前に形成された」のような推定言明に注目する。こうしたものが「祖先以前的言明」と呼ばれる。通常、この言明「地球は四五億六千万年前に形成された」によって科学者は、実際にそうだったと考えているはずである。ところが、カントの衣鉢を継ぐ相関主義者は、それはあくまでも現在の私たちにとってそう考えられるということであって（そうでしかないのであって）、という但し書きを付けようとする。

メイヤスーによれば、相関主義者は、祖先以前的言明を文字通りに理解することができない。現在の私たちの思考から私たちが決して出られないとすれば、私たちの誕生以前＝相関性以前という過去の出来事に思考を及ばせることは不可能だ。しかし、自然科学は通常、それを難なくやってのけている。

祖先以前的言明は、何でもって可能となっているのか。根本的には、数学を信頼することによってである。数学を根本的な方法とした物理科学が、祖先以前性へのアクセスを可能にしている。放射年代測定などの技術によって、数的データを解析することで、無人の世界＝相関性以前という過去の世界のリアリティを示すことができているのである。

第一章でメイヤスーは、近代科学は数学によって事物それ自体に絶対的にアクセスできている、と認めることから議論を始める。こうした数学の特権性は、もちろん、あくまでも仮定的に承認されている。事物それ自体・世界それ自体への旅は、数理的な自然科学を今改めてどのように基礎づけるか、という大きな課題に一致せざるをえない。

しかし、読者を迷わせないために、本書の最後までジャンプして明言しておくと、実のところ本書では、数学の哲学をどうするかについて決定的な結論には至らない。メイヤスーの議論は、数学の哲学に直行するのではなく、その前提としてなされるべき、数学がそこに触れるだろう「絶対的なもの」概念の明確化に注力するのであり、これは論理的な問い詰め（≠数学の哲学）として遂行されるのである。哲学史をふまえ、論理的に「絶対的なもの」を確保する。その過程で、ある特定の数学の哲学が、論理的な要請に促される形で浮上してくる。それは、カントールの無限集合論に「存在論的」な射程を認めるという立場である。けれども、この立場は間接的に支持されるに留まり、本書は幕を閉じる。

続けて、第二章以降の流れを概観していこう。

第二章「形而上学、信仰主義、思弁」からは、相関主義を抜け出すための戦略が構築されていく。まず、出発点としてデカルト主義の引き受け直しが宣言される。デカルトの方法をモデルにしながら、数学それ自体はいったん括弧に入れ、論理的に言える「絶対的なもの」の確保を目指すのである。

デカルトは、神の存在論的証明によって、神を「必然的存在者」として根底に置き、この「第一絶対者」にもとづかせる形で、数学的実在を「派生的絶対者」として確保した。メイヤスーもまた、第一絶対者によって派生的絶対者＝数学的実在を確保するという二段構えのモデルを採用する。さて、神の存在論的証明というのは、神は完全なる存在であるから、その概念に「存在する」を含まないとしたら概念的に矛盾する、だから神は必然的に存在する、というものである。カントは『純粋理性批判』において、この証明に反駁した（少し後でその要点を述べる）。大きく言えば、カントはその批判哲学（超越論哲学）によって、何かに必然的存在者の資格を与える言説としての「独断的形而上学」を無効化した。すると、神概念に結びついた数学的実在の確保（デカルト）→形而上学批判（カント）→その後にどうするか、ということになる。メイヤスーの方針は、こうだ――必然性概念と絶対性概念を切り離す。形而上学批判以後、新たに獲得したいのは、〈必然的存在者ではない第一絶対者〉である。

第三章を先取りして言うと、メイヤスーは、必然性概念ではなく、「事実性」概念を絶対化することへと向かっていく。必然性ベースの絶対性から、事実性ベースの絶対性へと移行するのである。

形而上学では、この世界がこのようなあり方で存在していて、別様でないということには、相応の理由があると考えられていた（今日でも、曖昧にそのように思いなす、あるいは、明確にそれを否定しない人は多いだろう）。これは「理由律 principe de raison」（または充足理由律、十分な理由の原理）と呼ばれ、ライプニッツによる定式化がよく知られている。そして、理由律を考えるならば、究極的には、それ自身だけにその存在理由を含むX＝必然的存在者に突き当たることになる。デカルトの神のような必然的存在者こそ、世界の大文字の《理由》なのである。しかし、相関主義（カント主義）によって形而上学は葬られた。すなわち、相関主義以後、私たちに対して外在的にある大文字の《理由》は、不在になったのだ。この世界がこのようであることを、私たちの外部で必然化することはもはやできない。

こうして、「事実」「事実性」の概念が浮上してくる。この世界がこのようであるのは、私たちに与えられた事実であるだけなのであって、事実的に「記述」されるしかないことであり、必然的なのかどうかという問いは、私たちの能力外、すなわち「有限性」の範囲外なので、合理的な問いとして成立しない。私たちの有限性の外部で、物自体がいわば〈宙に浮く〉のに伴い、必然性概念も〈宙に浮く〉のである。重要なのは、この段階では、物自体も必然性も、有限性-相関性の外部に追いやられてはいるが、完全には抹消されておらず、亡霊のように残存しているという点である。

メイヤスーは相関主義を、弱い／強いという二つのモデルに区別する。弱い相関主義は、カントの場合であり、物自体を、「認識不可能」ではあるが「思考可能」であるとする。他方、強いモデルでは、物自体を、さらに「思考不可能」にする。強い相関主義こそ、現代哲学において広く見られるものであり、代表例としては、ウィトゲンシュタインやハイデガーの場合が挙げられる。

まず、弱い相関主義について。メイヤスーの整理によれば、カントは、矛盾は私たちにとって思考不可能であり、かつ、物自体レベルで不可能であるとしている。二つのテーゼがある。（1）物自体は無矛盾である。（2）物自体が存在する。カントにおいて、無矛盾律は「絶対的な射程」をもつ（物自体レベルの原理である）。そうなると、完全である神の概念に「存在する」が含まれないならば、神の概念は矛盾的になる→ところで、無矛盾律は絶対的である→神は必然的に存在する、という存在論的証明が、カントにおいても成り立ってしまう。そこでカントは、そもそも「存在する」は述語のひとつではなく、主語概念と矛盾をきたすことはありえないという説明によって、存在論的証明を棄却する（この説明によって、デカルトの神だけでなく、概念的に存在が必然的であると主張されるような存在者がすべて棄却されたことになる)。以上を受けてメイヤスーは、しかしそもそも、物自体については、それが無矛盾であるとも、それが存在するとも、私たちには言えないはずだ、という批判を展開する——つまり、相関主義を徹底化するならば、物自体について概念規定はできない。カントの場合よりも強い相関主義がありうる。物自体について完全に、私たちには思考不可能だとする立場である。

強い相関主義では、無矛盾律はあくまでも私たちの側の事情であり、物自体が無矛盾かどうかはわからない。物自体があるかどうかもわからない。強い相関主義において重要なのは、思考不可能性という概念が、私たちにはできないという私たちの「有限性」に依存している点である。

ところで、強い相関主義として真に認められるべきものを浮き彫りにするには、「主観主義的形而上学」を脇に除けなければならない。それは、物自体を消去し、相関性を絶対化する＝世界には相関性しかないという立場である。この場合では、何らかの主観的・生命的な審級が絶対的なものとして言われ、世界のすべてはそのなかで展開しているのだとされる(ヘーゲルの「精神」や、ニーチェの「力への意志」や、ドゥルーズの「生」など)。しかし、メイヤスーが相手取るのは、絶対的なものではなく、有限性であるところの相関性の外部に「思考不可能なもの」を保持するタイプの強い相関主義である。

こうして、〈根本的にわからないがゆえにあれこれ言いうる〉という余地が——有限性の彼岸に——生じる。メイヤスーによれば、この余地において、非合理的・神秘的な言明をそれこそ真理であるかのように言う「信仰主義」のあれこれが、すべて「リベラル」に、対等な権利を認められることになるのだ。信仰内容に見られる矛盾を合理的に批判してもまったく無駄である。なぜなら、それは思考不可能性に依拠して言われていることなのだから。むしろ、思考不可能な余地があることを合理的に認めている以上、その余地において言われる非合理的なあれこれを、どれひとつとして優越的ではないというリベラルな態度によって放置することこそが合理的である、ということになる。本章の最後においてメイヤスーは、このように、強い相関主義と信仰主義の共犯関係に対して批判を向ける。

第三章「事実論性の原理」で行われるのは、強い相関主義への対決のなかで絶対的なものを確保する議論である。それは「事実性の絶対化」である。たんなる事実であることの絶対性を考えるのである。

相関主義による形而上学の乗り越えは不可避であり、素朴実在論に戻るわけにはいかない。ゆえにメイヤスーは、相関主義の徹底化の果てに出口を見つけようとしているのだ。さて、強いモデルにおいて最終的に突き当たったのは、この世界がこのようであることの事実性であった。この世界が必然的にこのようであるのかどうかはわからない（思考不可能）。この世界の究極の《理由》はわからない。

この世界を事実であると見なすことには、重要な副作用がある。それは、この世界がこのようでない＝別様である可能性も考えることができる、ということだ（事実性は必然性ではないのだから）。しかし、強い相関主義に立って言えば、この世界が別様である可能性は、私たちにとってのこの世界の事実性から派生する余地であって、世界それ自体がもつ「絶対的な」可能性なのではない。まさしくここが追究のポイントなのである。メイヤスーは、第三章の始めにおいて、この世界が別様である可能性を世界それ自体において絶対化する、というプログラムを提示するのである。

事実性を絶対化する。すなわち、この世界の〈理由なし〉を絶対化し、この世界が、何の理由もなく別様の世界へとそれ自体で――私たちの思考に関係なく――変化する可能性がある、と認めるのである。ここで、絶対的な「偶然性 contingence」の概念が必要になる。この世界は、まったく偶然的に別の世界に変化しうると認めるのである。

こうして、『有限性の後で』のなかでも際立って鮮烈なパッセージが書かれる。引用しよう。

いかなるものであれ、しかじかに存在し、しかじかに存在し続け、別様にならない理由はない。世界の事物についても、世界の諸法則についてもそうである。まったく実在的に、すべては崩壊しうる。木々も星々も、星々も諸法則も、自然法則も論理法則も、である。これは、あらゆるものに滅びを運命づけるような究極の法則があるからではない。いかなるものであれ、それを滅びないように護ってくれる究極の法則が不在であるからなのである。(本書、九四頁。)

相関主義の「裂け目」は、世界の絶対化された事実性＝何の理由もなしでの変化可能性である。これをメイヤスーは「非理由律 principe d'irraison」と呼ぶ。だが、非理由律の主張に対しても、相関主義を適用できるだろう。私たちから切り離して必然的存在者を措定できないのと同様に、理由がないというのもやはり私たちにとってのことなのではないか。世界それ自体が絶対的に理由なしだとは、言えないのではないか。この世界が別様である可能性を、たんに思考不可能性という余地において認めるに留めようとするわけである。そこでメイヤスーは、こうした相関主義者の論法が、実は、世界の絶対的な変化可能性を暗黙の前提にしている――そのことを否認している――ことを示そうとする。この議論は、「私たちの死後の存在がどうなるか」をめぐる四つの立場の対立(独断的形而上学者、相関主義者、観念論者、思弁的哲学者)を整理するという体裁でなされる。その説得性のいかんは、本文でじっくり検討していただきたい。この点で十分に説得されるかどうかが、本書の大きな山であるだろう。

こうして、相関主義の徹底化という形での相関主義批判によって、メイヤスーにおける第一絶対者の正体が明らかにされるに至った——それは、この世界の「偶然性の必然性」である。あるいは、非理由律の真理である。絶対的偶然性、絶対的理由なしでこの世界がこのように存在しており、また別様に変化しうるということ、このことに、数理的な自然科学の基礎を置こうというのである。

メイヤスーは、あらゆる自然法則がそこで破壊されうる時間があると主張する（そこで絶対的偶然性で別の世界に変わりうる時間である）。しかし私たちは、実際に世界がいつか別様になると知っているわけではない。それは、可能性として考えられるということである。この世界が別様の世界に変化することも、このままで同じに留まり続けることも、いずれにしても偶然的である。

こうして、相関主義に対する思弁的批判がいったんできあがる。相関主義の強いモデルでは、思考不可能なものという余地において理由律を維持しており、そこを拠点にして信仰主義にリベラルな許可が与えられるのだった。対して、メイヤスーの「思弁的唯物論」では、事実性の絶対化が相関主義の徹底において不可避であると明らかにして、その結果、理由律をきっぱり放棄するに至るのである。

結果として得られた絶対的なもの＝偶然性の必然性に従うならば、存在論の最も根本的なレベルにおいて、偶然的にあらゆることを生じさせる「ハイパーカオス」を承認することになる。これにもとづいて、どうやって自然科学を基礎づけるというのだろうか。

メイヤスーは、この段階で、カントの側へ＝弱い相関主義の側へターンする。カントが物自体について認めていた、（1）物自体は無矛盾である、（2）物自体が存在する、という二つのテーゼを、ハイパーカオスの議論において再定式化するのである。

実は、ハイパーカオスはひとつの自己制限を有する。偶然性のみが必然的であるならば、必然的存在者が生じてはならない、ゆえにハイパーカオスは無矛盾律を満たさねばならない。まず、矛盾した存在者は「存在する／しない」を同時に含むために、存在しないと仮定しても存在するのだから、永遠なる必然的存在者である。そして、矛盾した存在者は、あらゆる他者性を同時に含むのだから、変化することがありえない。生成変化が完全にストップする。さらに言えば、どのように規定してもその否定を同時に含むのだから、規定可能性が無効化される。特定の何かから別の何かへ変化するということがありえなくなる。こうして、理由律を否定し、矛盾律を絶対的に肯定するという立場が得られる。

次に、第二のテーゼについて――なぜ、無ではなく何かがあるのか。これは、形而上学的に究極の必然性で説明してはならないし、信仰主義のように神秘的に説明することも許されない。解決は、メイヤスーの言葉によれば「平板」に、事実性の絶対性、事実性を疑うことの不可能性を再確認することによってなされる。ここではいささか入り組んだ議論がなされているので、注意深く検討されたい。最終的には、無矛盾律の絶対化に対する矛盾許容論理からの想定反論に答える部分を挟んで、非理由律を「事実論性の原理」と呼び直すことになる。この「事実論性 factualité」という概念は、「事実的 factuel」を変形した造語である「事実論的 factual」の名詞形であり、偶然的に成立している事実性の絶対性を意味するものである。ここから先、メイヤスーの議論は総体として「事実論性の原理 principe de factualité」と称される。

第四章「ヒュームの問題」においてメイヤスーは、この世界の非理由（事実論性の原理＝非理由律）を、ヒュームによる因果性に対する懐疑論を援用することで再検討する。

もし、世界の自然法則がいつ何時でも偶然的に変化しうるのならば、頻繁に変化しているはずではないだろうか。しかしそんなことは起きていないのではないか。世界の自然法則は、同じであり続けているように思われる（そうでなければ、自然科学は無意味になる）。これは、今のところはラッキーだということなのか。いつ何時ガラリと変わるかもしれないと、いつも心配していなければならないのだろうか。世界の「安定性」は明白である——だからこそ、自然法則には必然性があるはずだと思われている。こうした必然性の要請が、本章では「頻度の帰結」と呼ばれる。メイヤスーはこれに反駁せねばならない。そのためになされるのは、安定性概念を必然性概念から切り離し、絶対的偶然性と両立可能にすることである。最終的に、「頻度の帰結」を無効化する議論は、数学的確率論そして集合論によって行われる。その段階に至ってようやく、保留にされていた数学の扱いが問われるのだ。

ヒュームによれば、因果的連結が未来において別様になる可能性は、排除できない。経験の蓄積は未来の出来事について何も確証を与えないし、同一の原因から異なる結果が生じることには何の矛盾もないからである。メイヤスーは、ヒュームの『人間知性研究』から、ビリヤードのボールが転がっていって別のボールに達するときに「百にも及ぶさまざまな出来事がこの原因から等しく生じうること」も考えられる、という部分を引用する。合理的にそのように思考可能なのである。このことが「ヒューム的アプリオリ」と呼ばれる。ところがヒュームは、因果的連結の恒常性（それがあると思われること）を、私たちの習慣的な信念として説明したのだった。また、カントには、もし因果的連結の恒常性がないならば、あらゆる表象可能性が破壊され、私たちの認識はまったく成立しないだろう（ゆえに恒常性がある）という議論が見られる。理由律を形而上学的に信じるにせよ、ヒュームとカントのやり方にせよ、いずれもが、因果的必然性を認めようとする点で共通している。そこでメイヤスーは、因果的必然性を絶対的に拒否するという、ヒュームの問題の「思弁的解決」を提起するのである。

論理的に言って、同一の原因から「百にも及ぶさまざまな出来事」が生じることは、世界それ自体の本性として肯定されるべき可能性なのだ。

だが、そうだとすると、自然法則の安定性をどう説明したらいいのか。ヒュームやカントにおいて自然法則の安定性から因果的必然性が推論されることの背景には、確率論的な推論が潜んでいる。メイヤスーは、ジャン＝ルネ・ヴェルヌの『偶然理性批判』を援用し、次のように説明する。サイコロ賭博をしているときに、一時間も同じ目がずっと出続けているとしたら、人はサイコロに「いかさま」が施されている（鉛の玉が入っているなど）と推論するだろう。本来はどの目が出るのも等確率でなければならないと私たちはアプリオリに知っている。特定の目だけが出続けるならば、何かの原因（いかさま）があるはずだ、と推論される。では、自然法則の異なる無数の宇宙がひとつひとつ「面」を成している「宇宙サイコロ」というものを想定しよう。これを振るたびに、ずっと「私たちの宇宙」が出続けているというのが、「自然の斉一性」である。これは「いかさま」であろう、何かの原因があるはずだと推論される――こうして因果的必然性が、サイコロに隠された鉛の玉のように想定されるのである。

以上に対してメイヤスーは、まず、世界内的な確率（サイコロを振るなど）を、世界それ自体に拡大適用するのは間違っていると批判する。確かに、世界内的である通常の六つの面のサイコロが、一時間も同じ目を出していたらおかしい。しかし、世界それ自体について同様に考えていいのだろうか。確率計算が成り立つためには、可能性の「全体性」が必要である。通常のサイコロには可能性の全体性（六つの面）がある。可能性の全体性のなかで、同じ目だけが出続けるのは異常に偏った低確率である、ゆえにおかしいという判断になる＝「頻度の帰結」が生じるのである。ところでもし、可能性が全体化できなければ、確率計算は不可能になり、よって「頻度の帰結」は失効せざるをえない。

メイヤスーによれば、思考可能な世界それ自体の可能性を無限に多く想定するときに、カントールの無限集合（超限数）論をふまえるならば、可能性は全体化されえないと考えなければならない。カントールの定理——すなわち、ある集合の部分集合すべてを集めた集合（冪集合）は元の集合より濃度が高くなる、このことの上限はない、さらに高い濃度のものへと続いていく無限集合の列は決して終わらない＝全体化不可能である。確かに、世界内的なサイコロにおいては確率論が成り立つにしても、世界それ自体となると、思考可能である莫大な可能性が問題になるのだから、より濃度の高い無限が際限なくある＝諸無限の全体がないことにより確率計算は不可能、よって「頻度の帰結」は失効し、たとえ同じ自然法則が続いているにしてもそのことを「異常に偏った低確率」が続いているとは言えなくなる。

こうして、安定性概念と必然性概念は切り離される。世界の安定性は、確率論的ではない偶然性、確率論の可能性自体を破壊する偶然性に依拠していると考えるべきなのだ。世界の安定性は、絶対的偶然性のゆえにそうであるだけなのであり、安定性をラッキーだと思ったり、ガラリと変化しないかと不安に思ったりするのは、絶対的偶然性を確率論化するという誤謬を犯しているからなのである。

こうして、本書における数学への特定のコミットメントが明確になる。「頻度の帰結」を却下したいならば、という条件下で、思考可能なものの数についてカントールの無限集合論を採用する必要があるのである。可能性の「非‐全体化」の手段は、本書の外から借りてきている。しかし、基礎づけの仕事としては本来は、事実論性の議論からじかに、可能性の「非‐全体化」を導出しなければならないはずである——つまり、思弁的な推論の果てでカントールの無限集合論が採用されるべきだという結果になることが証明されなければならないが、それは達成されていない。もしこの証明ができるとすれば、それは、絶対的偶然性の条件としてカントールの無限集合論を絶対化することになり、それは、デカルトのように数学的絶対者を確立することになる。しかし、本書はそれを示唆するに留めるのである。可能的なものの全体化不可能性を採用するならば、謎めいた因果的必然性なしで済ませられるという利得がある、という「オッカムの剃刀」の論法により、現状では仮説的にカントールに依拠することでよしとするのである。

第五章「プトレマイオスの逆襲」。前章までで本質的な議論はおおよそ出尽くしている。この最終章では、祖先以前性の再定式化、カント批判、そして数学の扱いについて残された問いを述べる。

まず冒頭で、祖先以前的言明において問題になっていたのは、私たちの思考と事物それ自体の存在の時間的な不一致＝「隔時性 dia-chronicité」である、という再定式化がなされる。人類およびあらゆる生命の発生以前についての実在論的言明のみならず、人類およびあらゆる生命の絶滅以後についても同じことが問題になる。さらに、一般に、近代科学における自然の数学化＝ガリレイ主義は、自然を私たちから「分離可能」なものとして扱うことを可能にしたことが確認される。近代科学におけるコペルニクス＝ガリレイ的転回は、この惑星が不動ではなく、太陽の周りを回っているという事実の認識であるのみならず、実在に対して私たちの思考を決定的に脱中心化するという転回であった。

ところが、奇妙なことにカントがその批判哲学（超越論哲学）を「コペルニクス的転回」と自称した際には、意味がまるで逆になっているのだ。カントの場合では、私たちの思考を不動の基盤として、そこに世界を従属させたのであるから。だからそれは、むしろ「プトレマイオス的反転」と呼ばれるべきである。それ以来哲学は、自然科学の言明を文字通りに受け取るのではなく、自然科学よりも「深い」意味の領域である〈世界‐への‐関係〉を云々し続けるようになってしまった――〈世界‐への‐関係〉の発生以前／以後のリアリティを端的に認めるのではなく。

カントは近代科学の可能性の条件を問うた結果として、それを私たちの側に捕縛するに至ったのである。いまや、この「カントの問題」に対する思弁的な取り組みが必要である。デカルト的な数学の絶対化を、絶対的偶然性をベースとしてやり直さねばならない。それは、可能性を全体化しないタイプの数学の必然性を、事実論からじかに導出せねばならないということに相当する。「可能性の構造そのもの」の存在論的な非全体性を、事実論から発して証明しなければならない。しかしその遂行は、ここではできない。本書はこの課題を提示したところで、幕を閉じるのである。

以上、不十分ながら、おおよその地図を描くことを試みた。読解の一助となれば幸いである。ぜひ、さまざまな角度・深度の読みを試していただきたい。大胆に提起される非理由律（事実論性の原理）など、いくつかのテーゼが、ただちに応用を考えさせてくれるかもしれない。証明の過程を吟味することから、反論や、あるいは、別種の思考が生まれてくるかもしれない。訳者としては、多様な読解がなされること、そして反論が試みられることを、切に希望している。また、本書を通じて、既訳の論文（いずれもひじょうに刺激的なものだ）にも関心を向けていただければと願っている。

訳稿の完成後、矛盾許容論理に関しては分析哲学を専門とされる山口尚氏から、集合論に関しては数学者の巴山竜来氏から、ご助言を得ることができた。また、岡嶋隆佑氏にも訳稿の確認をしていただいた。ここに謝意を表したい。最後に、作業がしばしば滞りがちであった訳者を励まし続けてくれた人文書院の松岡隆浩氏に、改めて御礼を申し上げる。

訳者を代表して　千葉雅也

人名索引

著者略歴

カンタン・メイヤスー（Quentin Meillassoux）

1967年生まれ。パリ第一大学准教授。著作に、*Le Nombre et la sirène. Un déchiffrage du Coup de dés de Mallarmé*（2011）、*Métaphysique et fiction des mondes hors-science*（2013）など。詳しくは訳者解説を参照。

訳者略歴

千葉雅也（ちば・まさや）

1978年生まれ。東京大学大学院総合文化研究科博士課程修了。博士（学術）。現在、立命館大学大学院先端総合学術研究科准教授。著書に『動きすぎてはいけない　ジル・ドゥルーズと生成変化の哲学』（河出書房新社、2013年）、『別のしかたで　ツイッター哲学』（河出書房新社、2014年）など。

大橋完太郎（おおはし・かんたろう）

1973年生まれ。東京大学大学院総合文化研究科博士課程修了。博士（学術）。現在、神戸大学大学院人文学研究科准教授。著書に、『ディドロの唯物論』（法政大学出版局、2011年）など。

星野　太（ほしの・ふとし）

1983年生まれ。東京大学大学院総合文化研究科博士課程修了。博士（学術）。現在、東京大学大学院総合文化研究科特任助教、慶應義塾大学文学部非常勤講師。著書に、『人文学と制度』（共著、未來社、2013年）など。

ISBN978-4-409-03090-5 C3010

有限性の後で
――偶然性の必然性についての試論

二〇一六年 一 月二〇日 初版第一刷発行
二〇二三年 九 月一〇日 初版第八刷発行

著 者 カンタン・メイヤスー
訳 者 千葉雅也
大橋完太郎
星野太
発行者 渡辺博史
発行所 人文書院
〒六一二-八四四七
京都市伏見区竹田西内畑町九
電話〇七五・六〇三・一三四四
振替〇一〇〇〇-八-一一〇三
印刷所 創栄図書印刷株式会社
製本所 坂井製本所
装 丁 間村俊一

落丁・乱丁本は小社送料負担にてお取り替えいたします

グレアム・ハーマン著／岡嶋隆佑監訳

四方対象

オブジェクト指向存在論入門

二四〇〇円

思弁的実在論とともに現代哲学の新潮流をなすオブジェクト指向存在論、その第一人者による入門書の決定版。「本書は、私の頭をここ二〇年占めてきた馴染みの思想と、今後の二〇年占めるであろう馴染みのない思想の双方の完全な縮図となっている」（本書より）

カトリーヌ・マラブー著／平野徹訳

明日の前に

後成説と合理性

三八〇〇円

カント以降の哲学を相関主義として剔抉し、哲学の〈明日〉へ向かったメイヤスーに対し、現代生物学の知見を参照しつつカント哲学の読み直しを試みた注目作。理性のあらゆる経験に先立つとされるアプリオリなものは、もはや役立たずの概念なのか。遺伝子と環境のかかわりを探求するエピジェネティクスを手掛かりに、カントに、そして哲学そのものに新たな力を賦活する。

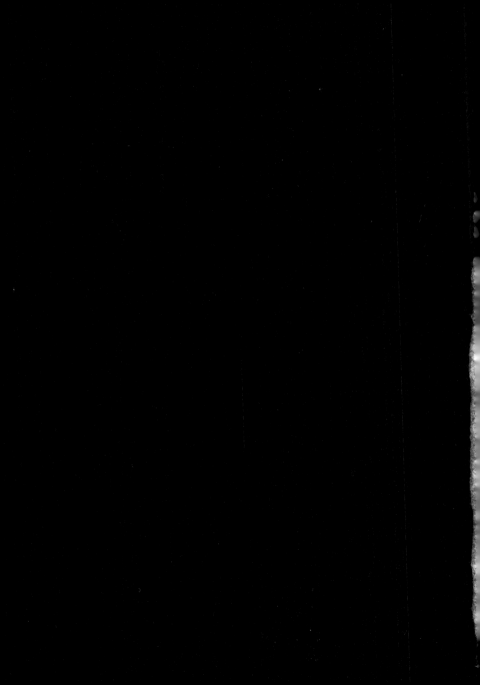